HEYNE <

Über das Buch

Der Fluß des Geldes wird von klaren, dynamischen Gesetzen gelenkt, die weder mit Zufall noch mit Glück oder Fleiß etwas zu tun haben. Harald Wessbecher zeigt, was den Geldfluß wirklich bestimmt: nämlich die seelische Energie aller am Geldfluß Beteiligten.

Dieses Buch vermittelt in praktischen Übungen, wie wir uns von unbewußten Zwängen und Ängsten im Umgang mit Geld lösen und uns die dynamischen Energien des Geldflusses nutzbar machen können – hin zu finanzieller Freiheit und Unabhängigkeit.

Der Autor

Harald Wessbecher vermittelt seit fast zwei Jahrzehnten in Vorträgen, Seminaren und persönlichen Beratungen, wie wir unser Leben gesund, erfolgreich und mit mehr Lebensqualität leben können. Seine Beratungen für Firmen dienen der Motivation und Befähigung von Führungskräften und Mitarbeitern, gemeinsam neue Wege zu gehen, um die wirtschaftlichen Ziele des Unternehmens auf der Basis optimaler Selbstverwirklichung jedes Beteiligten zu erreichen.

HARALD
WESSBECHER

Die ENERGIE *des* GELDES

Finanzielle Freiheit durch
spirituelles Geldbewusstsein

WILHELM HEYNE VERLAG
MÜNCHEN

FSC
Mix
Produktgruppe aus vorbildlich
bewirtschafteten Wäldern und
anderen kontrollierten Herkünften

Zert.-Nr. SGS-COC-001940
www.fsc.org
© 1996 Forest Stewardship Council

Verlagsgruppe Random House FSC-DEU-0100
Das für dieses Buch verwendete FSC-zertifizierte Papier
Holmen Book Cream liefert Holmen Paper, Hallstavik, Schweden.

6. Auflage
Taschenbuchausgabe 11/2004

Printed in Germany 2010
Umschlaggestaltung: HildenDesign, München
Herstellung: Helga Schörnig
Satz: Fotosatz Bernhard, Dießen
Druck und Bindung: GGP Media GmbH, Pößneck
ISBN: 978-3-453-70004-8

www.heyne.de

Inhalt

Vorbemerkung

Wollten Sie immer schon wissen, wie Sie mit wenig Aufwand an Zeit und Arbeit Ihr Einkommen steigern können? Dann sollten Sie dieses Buch schnell weglegen. Aber wenn Sie erfahren möchten, wie Sie sein und leben sollten, um überhaupt nicht mehr verhindern zu können, daß Sie jederzeit genügend Geld haben, dann sollten Sie sich schleunigst die Zeit nehmen, das bewährte und praxisorientierte Erfolgsprogramm zu verinnerlichen, das ich in diesem Buch für Sie zusammengestellt habe.

Mir selbst ist es in meiner Vergangenheit immer leichtgefallen, viel Geld zu machen, aber nicht, indem ich meine Bemühungen bewußt auf das Geld als solches ausgerichtet hätte. Vielmehr habe ich schon vor langer Zeit begonnen, grundlegende Gesetzmäßigkeiten des Lebens zu erkennen und in Einklang mit ihnen zu leben. Dadurch wurden Energieströme in meinem Innern freigesetzt, die mein Umfeld und mein Leben stark beeinflußten und einen entsprechenden Rückfluß auslösten – in Form von Geld, einem Symbol für vielerlei Energien, aber auch in Form von Geschenken, Unterstützung oder Dingen, über die ich verfügen konnte.

Eine wichtige Erkenntnis aus meinen Beobachtungen war beispielsweise, daß der Erfolg unserer Handlungen von unseren inneren Einstellungen dazu abhängt, die ihrerseits stark von inneren Überzeugungen oder Glaubenssätzen geprägt scheinen, welche wir seit langer Zeit in uns tragen. Mein erster Schritt auf dem Weg zu Wirklichkeitskontrolle und materiellem Überfluß bestand daher aus einer einfachen Frage: Welche Einstellungen und Glaubenssätze verbinde ich in meinem Innern mit Geld? *«Geld macht glücklich.»* – *«Ich bin eben ein Pechvogel.»* – *«Wer soviel Geld hat, muß etwas verbrochen haben.»* – *«Geld verdienen ist schwer.»* Diese und viele andere Sätze kamen mir in den Sinn. Einige hatte ich nur irgendwo aufgeschnappt, andere hatten mich tief geprägt. Kommen auch Ihnen, wenn Sie an Geld denken, spontan solche Sätze in den Sinn? Solange gewisse Stimmen in unserem Unterbewußtsein solche – falschen – Glaubenssätze flüstern, ist es schwierig, finanziell auf einen grünen Zweig zu kommen.

Bewußt mit solchen Überzeugungen aufzuräumen, stand am Beginn meines Erfolges – und es könnte auch der Anfang Ihres wirtschaftlichen Erfolgsweges sein. Ich habe diesen Weg in sieben Stufen unterteilt, die nacheinander und sicher, also bewußt und gründlich betreten werden sollten, damit Sie auf der Treppe zum Erfolg nicht mehr aufzuhalten sind.

Wenn Sie diese sieben Stufen verinnerlicht haben und systematisch in Ihrem Leben umsetzen, werden Sie niemals mehr befürchten, zu wenig Geld zu haben. Denn Geld ist ein Symbol der Energien, die in Ihrem eigenen Innern unerschöpflich vorhanden sind und lediglich in Gang gesetzt werden müssen. Wem es gelingt, diese Energien zu aktivieren und auf seine Sehnsüchte und Ziele auszurichten, der wird wie von selbst einen Rückfluß bewirken, der seinen persönlichen Bedürfnissen und Wünschen entspricht – auch in Form von Geld.

Harald Wessbecher

Wegweiser:
Die sieben Stufen zu Wirklichkeitskontrolle und wirtschaftlichem Erfolg

1. Stufe: Das Geheimnis des Mißerfolges lüften
Die alten Glaubenssätze ansehen
Verstehen, was Geld wirklich ist

2. Stufe: Das Geheimnis des Erfolges durchschauen
Die sieben goldenen Regeln energetischer Harmonie kennenlernen

3. Stufe: Falsches Geldbewußtsein überwinden
Die hypnotischen Glaubenssätze finden und aussprechen
Neuorientierung einleiten

4. Stufe: Das Unterbewußtsein auf Erfolg programmieren
Programmierungsmethoden und Hilfsmittel kennenlernen
Neue Energiemuster auffinden und verinnerlichen

5. Stufe: Richtiges Geldbewußtsein entwickeln
Sieben Energiekugeln für das unterbewußte Erfolgsprogramm verankern

6. Stufe: Selbstbewußtsein und Selbstwertgefühl aufbauen
Lernen, sich selbst zu beobachten
Selbstbewußtsein in Selbstwertgefühl umwandeln

7. Stufe: Fremdwertgefühl entwickeln
Lernen, andere Menschen zu beobachten
Den eigenen Fremd- und Marktwert erkennen
Eigene Erfolgskonzepte entwickeln und erproben

Einführung: Versunken im See des Unterbewußten

Warum ziehen die einen Menschen Geld und Wohlstand magnetisch an, während andere sich abmühen, ohne je auf einen grünen Zweig zu kommen? Viele Psychologen stimmen heute in der Auffassung überein, daß der Schlüssel zum beruflichen und wirtschaftlichen Erfolg im menschlichen Unterbewußten liegt – und damit in der Vergangenheit des einzelnen, die seine inneren Einstellungen geprägt hat.

Wie aber kommt man den falschen Programmierungen im Code des Unterbewußten auf die Spur, und vor allem: Wie kann man dieses komplexe Triebwerk menschlicher Motivationen und Energien tatsächlich auf Erfolg umschalten? Die einschlägigen Methoden und Ratgeber sind so zahlreich wie widersprüchlich, ja größtenteils unvereinbar. So versuchen die Psychoanalytiker seit einem Jahrhundert, die widrigsten Prägungen und Erfahrungen aus der Vergangenheit ihrer Klienten in nahezu unendlicher Bewußtseinserforschung aufzuarbeiten. Dagegen raten die Vertreter des sogenannten Positiven Denkens, schlicht einige suggestive Glaubenssätze und Visionen zu verinnerlichen, woraufhin sich der Erfolg unvermeidlich einstellen werde.

Unglücklicherweise scheint die analytische Methode jedoch die Fixierung auf belastende Aspekte in der Praxis lediglich zu verstärken. Auf der anderen Seite dringen positive Suggestionen à la Murphy kaum in die tieferen Schichten des Bewußtseins ein, so daß die dortigen Blockaden und Fehlprogrammierungen gänzlich unbehelligt bleiben. Das Resultat ist hier wie dort leider das gleiche: Der versprochene Aufschwung im Leben des Klienten (wie auch auf dessen Bankkonto) bleibt aus.

Mit diesem Buch möchte ich ein neuartiges psychologisches Konzept vorstellen, das ich in jahrzehntelanger Praxis mit Klienten und als Seminarveranstalter entwickelt und verfeinert habe und das sich in der praktischen Arbeit mit meinen Klienten immer wieder bewährt hat. Aus diesem Modell, das ich im folgenden skizziere, ergeben sich alle weiteren Folgerungen zum eigentlichen Thema dieses Buches, die in den folgenden Kapiteln aufgefächert werden.

Entstehung und Struktur des Bewußtseins

Wir Menschen beginnen nicht erst nach der Geburt, sondern bereits im Mutterleib zu lernen, indem wir uns mit allem identifizieren, was sich in unserem Umfeld abspielt. Alle Informationen, Impulse und Energien, die wir in diesem vorgeburtlichen Stadium und in den allerersten Kindheitsjahren aufnehmen, werden in unserem Bewußtsein, insbesondere in den unterbewußten Schichten, unauslöschlich gespeichert.

Ihrer Intensität und Wirkungsweise nach lassen sich diese frühen Einflüsse, die man vor der Geburt und in den ersten Jahren danach aufnimmt, mit hypnotischen Suggestionen vergleichen, die man befolgt, ohne sie bewußt wahrzunehmen. Denn diese Erstprägung geschieht in einem Stadium der Bewußtseinsbildung, in dem der kleine Mensch noch über keine abgegrenzte Identität verfügt (s. Kasten S. 16: Die fünf Phasen der Bewußtseinsbildung): Er besitzt noch keine Lebenserfahrung und kein kritisches Bewußtsein, das sich mit den Einflüssen auseinandersetzen könnte.

Alles, was während der neun Monate im Mutterleib und während der ersten zwei Jahre nach der Geburt in das Kind einfließt, ist eine Art hypnotischer Einfluß.[1] In dieser Zeit wird jeder Mensch entscheidend geprägt: Seine Weltsicht und sein Bezug zur Wirklichkeit werden programmiert, auch sein Verhältnis zu materiellen Fragen, zu Wohlstand und Geld. So tragen die meisten Menschen unbewußt eine Geld- und Weltsicht in sich, die nicht ihre eigene, sondern ihnen durch ihre Geschichte und ihr ursprüngliches Umfeld eingeflößt worden ist.

[1] Unter «Hypnose» verstehe ich in diesem Zusammenhang einen Zustand des Bewußtseins, in dem dieses offen ist für Impulse, Informationen oder Suggestionen von außen. Neue Eigenschaften werden in diesem Zustand kritiklos, ohne Vergleich mit einem bestehenden Weltbild aufgenommen und in das Unterbewußtsein integriert. Der hypnotische Zustand ist ein natürlicher Bewußtseinsmodus, in dem unsere Wahrnehmung klar und konzentriert auf eine Informationsquelle ausgerichtet wird. Dabei ist es ohne Belang, ob wir diesen Zustand extremer Aufnahmefähigkeit selbst willkürlich herbeiführen, ob er durch eine andere Person oder durch eine bestimmte Situation eingeleitet wird oder unser natürlicher Bewußtseinszustand ist wie in der ersten Phase des Lebens, in der wir noch kein Weltbild in uns tragen.

Die fünf Phasen der Bewußtseinsbildung

1. Phase – embryonales Einheitsbewußtsein: Der embryonale Mensch hat noch keine deutliche Ich-Struktur oder Individualität. Er bildet zwar das Zentrum eines entstehenden Bewußtseins, das sich jedoch über den Mutterleib hinaus erstreckt, mit dem Umfeld verschmilzt und sich mit diesem identifiziert. Wie ein Tropfen im Meer nimmt das Embryobewußtsein in dieser «ozeanischen» Einheit die Qualität des Umfeldes an.

2. Phase – Einheit von Mutter und Embryo: Indem der kleine Körper im Mutterleib heranwächst, entwickelt sich das Bedürfnis nach Identität und Individualität. In diesem Stadium identifiziert sich der Embryo insbesondere mit der Mutter und bildet eine Einheit mit ihr. So erfährt er das Umfeld nun als von der Mutter und ihm getrennt.

3. Phase – beginnende Individualisierung: In den Wochen vor der Geburt beginnt sich der neue Mensch zu individualisieren und beginnt allmählich sein eigenständiges Ich zu fühlen, das sich in seiner Wahrnehmung vom Umfeld abzugrenzen beginnt. Dieses Wach- oder Ich-Bewußtsein grenzt sich zugleich vom Unterbewußtsein ab, das die ursprüngliche Einheit mit der Mutter und dem weiteren Umfeld bewahrt. Das Ich vermag sich nun intensiver auf konkrete Erfahrungen einzulassen, die es aus einer individuellen Perspektive wahrnimmt. Währenddessen sammelt das Unterbewußtsein weiterhin Informationen über die Grenzen des Mutterleibes hinaus und bleibt eine wichtige Informationsquelle, auf die das neu entstandene Ich später immer wieder zurückgreifen wird.

4. Phase – nach der Geburt: Der Prozeß der Ablösung von der Mutter und der Entwicklung des Ich-Bewußtseins beschleunigt sich. Der Säugling setzt sich nun auch mit dem Umfeld (Vater, Geschwister u. a.) bewußter auseinander, das er mehr und mehr als das andere, Fremde erlebt.

5. Phase – Egobildung: Mit fortschreitender Ablösung von Mutter und Umfeld zentriert sich ein festes Ich-Bewußtsein. In einer Art Urhypnose werden weiterhin Bewußtseinsinhalte von Umfeld und Mutter integriert.

1. Einheitsbewußtsein:
Noch spürt der Embryo keine Grenze zwischen Ich, Mutter und Umwelt. Alles ist ein Bewußtseinsmeer.

2. Vorstufe zum Ich:
Das Ich grenzt sich zusammen mit dem Bewußtsein der Mutter von der Umwelt ab.

3. Ich:
Das Ich grenzt sich mit seinem Bewußtsein von der Mutter und von der Umwelt ab.

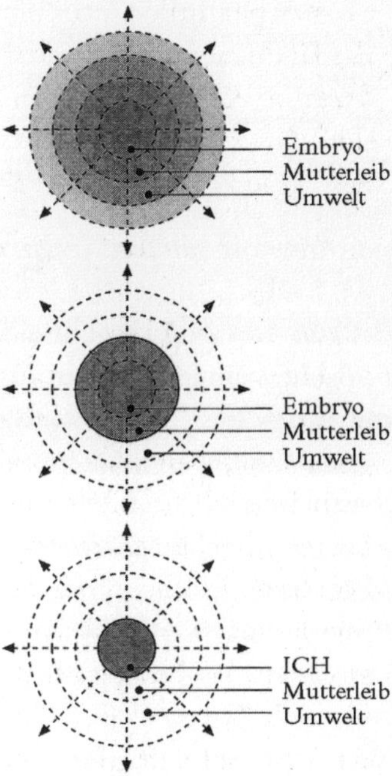

Entwicklung vom Einheitsbewußtsein zum Ich

Das Ich – nur die Spitze des Eisberges

Auch wenn sich das Ich oder Wachbewußtsein in der Illusion wiegt, in seinen Ideen und Aktionen vom Unterbewußtsein unabhängig zu sein, erlangt es doch niemals völlige Eigenständigkeit. Was wir als Unterbewußtsein bezeichnen, sind vielmehr die ausgedehnten Bewußtseinsbereiche, die unterhalb der Wahrnehmungsschwelle liegen – vergleichbar dem Eisberg, der zu 99 Prozent unter der Wasseroberfläche verborgen ist, dessen sichtbare Spitze demnach, wie das Wachbewußtsein, nur einen winzigen Teil des Ganzen ausmacht.

Das Ich erkauft seine Identität also nicht zuletzt mit einer – gemessen am ursprünglichen Einheitsbewußtsein – dramatischen Verkleinerung seiner Bewußtseinskapazität. Es bildet sich durch aufgenommene Informationen und bleibt von den Energien abhängig, mit denen das Unterbewußtsein es auch weiterhin versorgt. Somit wirkt die Bewußtseinsschwelle als Wahrnehmungsfilter: Das Wachbewußtsein kann sich nur mit solchen Informationen identifizieren, für die es eine Entsprechung im Unterbewußtsein gibt. Und deshalb ist das «wache» und «bewußte» Ich auch später ständig den hypnotischen Suggestionen ausgesetzt, die Mutter und Umfeld ihm ursprünglich eingeprägt haben.

Aus meiner praktischen Arbeit mit Menschen und meinen Seminaren könnte ich zahlreiche Beispiele für die oftmals bizarren Effekte solcher Vergangenheitshypnosen anführen. Statt dessen wähle ich nur ein typisches Beispiel, das direkt zu unserem Thema führt: die unterbewußte Sabotage unseres bewußten Strebens nach Wohlstand (s. Kasten S. 19).

Wie läßt sich erklären, daß die im Unterbewußtsein verankerten hypnotischen Glaubenssätze die Wahrnehmung des Ichs so massiv beeinflussen? Um diesen Zusammenhang

Beispiel: «Geld macht unglücklich.»

Angenommen, eine Mutter hat ihrem kleinen Kind immer wieder die Information vermittelt: «Geld macht unglücklich.» Das Kind wird diese innere Haltung leben, ausstrahlen und auch in späteren Jahren in seinem Umfeld ständig auf Menschen stoßen – ja, sie regelrecht anziehen –, die oder deren Schicksale diesen Glaubenssatz scheinbar bestätigen. Und im Leben des Betreffenden selbst werden Geld und Unglück die fatale Verbindung eingehen, die der mütterliche Glaubenssatz als eine Art Naturgesetz postuliert hat. Das Kind erlebt und zieht an, was es erwartet, und die erfüllte Erwartung bestätigt es wiederum in seiner Haltung. Wenn sich eine hypnotische Weltsicht erst einmal im Bewußtsein eines Menschen festgesetzt hat, dann wiederholt und bestätigt sie sich selbst immer wieder – und zwar gleichgültig, ob sie in sich stimmig ist oder aus haltlosen Behauptungen besteht. *Wir erwarten und schaffen nur das, woran wir glauben.*

transparenter zu machen, stelle ich im nächsten Schritt ein einfaches Modell der Bewußtseinsstruktur vor. Unsere Psyche ist ein offenes System von Energie und Wahrnehmung, das sich ständig mit vielen Wirklichkeitsbereichen austauscht und sich dadurch fortlaufend verändert. Wenn wir diese Mechanismen besser verstehen, gewinnen wir die Freiheit, die Veränderung unserer Psyche bewußt mitzugestalten.

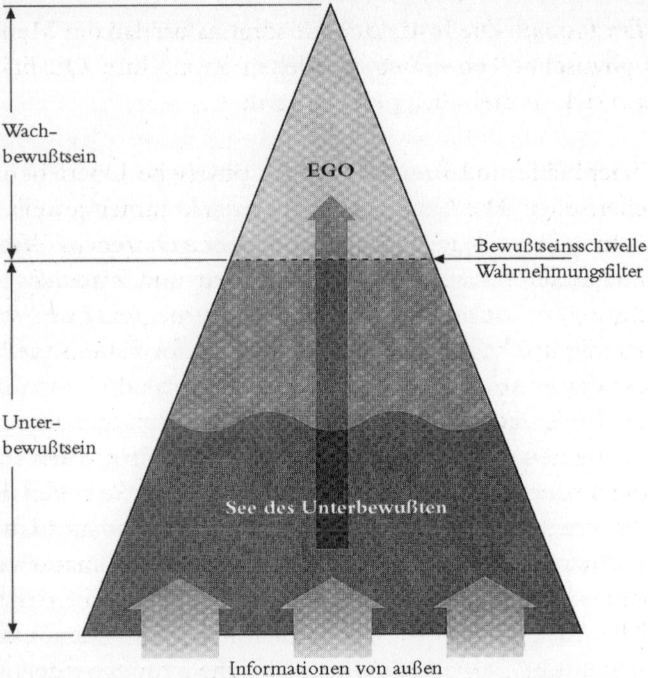

Die Ebenen des Bewußtseins

Die Schichten des Bewußtseins

1. *Menschliches Urbewußtsein*: Es sind die Qualitäten dieser Grundebene, die unser Bewußtsein typisch menschlich machen (also von tierischen, pflanzlichen oder mineralischen Qualitäten unterscheiden) und die Entstehung eines menschlichen Ichs überhaupt erst ermöglichen. Auf dieser tiefsten Ebene des Unterbewußtseins ist die Idee des Menschlichen verankert, das menschliche Urbewußtsein, das uns alle verbindet und das jedem Menschen grundsätzlich die gleichen Wahrnehmungs-, Reaktions- und Verhaltensweisen verleiht.

2. Der Instinkt: Die Instinktebene sorgt dafür, daß der Mensch als physisches Lebewesen überleben kann. Ihre Qualitäten lassen sich in drei Gruppen gliedern:

- Triebkräfte und Impulse, die das physische Überleben sicherstellen. Die Informationen hierzu kommen jeweils aus dem gegenwärtigen Umfeld, aus eingeborenem Wissen und Erkenntnissen von Vergangenheit und Zukunft. Der Instinkt ist räumlich und zeitlich nicht begrenzt und steht ständig in Kontakt mit Energien und Informationsquellen, die dem bewußten Ich nicht zugänglich sind;
- die Fähigkeit, Handlungs- und Reaktionsmuster zu lernen, die beliebig wiederholt werden können, ohne dabei ständig neu überprüft oder bewertet zu werden. Sie helfen dem Ich, seine Aufmerksamkeit auf wichtige Dinge zu richten, während sich wiederholende Handlungen automatisch ablaufen. Ohne diese Fähigkeit könnten wir nicht sinnvoll leben, aber sie kann sich auch hemmend auswirken, sofern ungünstige Lerninhalte ungeprüft wiederholt werden;
- die Fähigkeit, den Körper zu regenerieren und zu heilen: Diese innere Heilintelligenz hat den Körper seit der Verschmelzung von Samen- und Eizelle aufgebaut und betreut ihn seither unaufhörlich, regeneriert ihn und paßt ihn den äußeren Umständen an, damit er möglichst funktionsfähig und gesund bleibt und als Ausdrucksmittel und Träger unseres Bewußtseins dienen kann. Der Instinkt aktiviert Selbstheilungskräfte und informiert unser waches Bewußtsein darüber, was wir am besten tun sollten, um gesund zu bleiben. Natürlich hören wir nicht immer auf diese Impulse, da unser wachbewußtes Ich eigene Ideen verfolgt.

3. Die Grundpersönlichkeit: Auf dieser unterbewußten Ebene sind alle individuellen Eigenschaften des Menschen verankert. Hierbei handelt es sich um Motivationskräfte – Wünsche, Bedürfnisse und Fähigkeiten –, die den Menschen dazu veranlassen, seinem Leben eine ganz bestimmte Form zu geben. Die Motivationskräfte sind Ausdrucksenergien, die der Mensch entfalten muß, wenn er sein Leben sinnvoll gestalten will. Wir fühlen diese Energien als Sehnsucht, die uns das suchen läßt, wonach wir uns sehnen, um glücklich zu sein, wenn wir es gefunden haben. Man kann diese Ebene daher auch als Schicht des Lebenssinns oder der Lebensabsicht bezeichnen.

Bedürfnisse, Wünsche und die dazu gehörenden natürlichen Fähigkeiten treten immer gemeinsam auf, sozusagen als Energiepaket. Die verschiedenen Pakete ein und desselben Menschen können sich stark voneinander unterscheiden, so daß es oftmals unmöglich ist, sie gleichzeitig zum Ausdruck zu bringen. Für jedes Energiepaket kommt aber im Lauf des Lebens die rechte Zeit, in der Wünsche, Fähigkeiten und Umstände zueinander passen. Indem während bestimmter Lebensphasen bestimmte Energiekombinationen dominant werden, entsteht ein Rhythmus des Wechsels, ohne den der Mensch von seiner Energie abgeschnitten wäre und den Bezug zu seinen Wünschen, Bedürfnissen und Fähigkeiten verlieren würde. So mag es in unserem Leben Zeiten geben, in denen wir Familie, äußere Sicherheit und Beständigkeit suchen. Entsprechend nutzen wir in dieser Phase unsere Fähigkeiten für die erfolgreiche Ausübung eines Berufs, gestalten unser Haus nach unseren Vorstellungen und leben eine intensive Partnerschaft. Solche Wünsche, Bedürfnisse und Fähigkeiten unterscheiden sich meist stark von unserer Sehnsucht nach Abenteuer und Veränderung, durch die wir unser kreatives Potential und unsere körperlichen Möglichkeiten ausleben wollen. Um diesen ebenfalls Raum zu geben, warten wir, bis ihre Zeit gekommen ist, was sicher nicht synchron mit der

Phase häuslicher und familiärer Bedürfnisse und Sehnsüchte geschehen kann. Um den verschiedenen Päckchen von Sehnsüchten und Fähigkeiten Raum zu geben, müssen wir offen sein für grundsätzliche Veränderungen, durch die unser Leben einen natürlichen Rhythmus durchläuft.

Nur wenn sich Grundpersönlichkeit und Instinkt frei ausdrücken können, wenn also ein ständiger Wechsel der Lebensumstände stattfindet, fühlt der Mensch seine Wünsche, geht schöpferisch mit seinen Fähigkeiten um und verfügt über unbegrenzte Energie. Das kommt jedoch selten vor, da unsere Grundpersönlichkeit von einer weiteren Bewußtseinsschicht überlagert wird:

4. *Der See des Unterbewußten*: Diese oberste Schicht des Unterbewußtseins nimmt die Ideen und Glaubenssätze, Betrachtungsweisen und Bewertungen der Wirklichkeit auf, wie sie uns von der Mutter und dem direkten Umfeld zu Beginn unseres Lebens vermittelt worden sind. Seitdem sind diese Informationen Teil des Bewußtseins bzw. – nach Bildung des Ichs – Teil des Unterbewußtseins geworden. Es sind Glaubenssätze über uns selbst und die Welt, die unser Ich prägen. Die Behauptungen jener pessimistischen Stimmen («Geld macht unglücklich» und so fort) zählen hierzu. Als Spielregeln, die uns zu Beginn sagten, wie wir uns ausdrücken können, waren viele dieser Glaubenssätze für uns relevant und sinnvoll. Stehen sie jedoch im Gegensatz zu unserer Grundpersönlichkeit, unseren tiefen Wünschen und Fähigkeiten, so können sie uns hindern, unser wahres Selbst und unsere Sehnsüchte zu spüren und ein uns gemäßes Leben zu führen. Wenn wir nicht wissen, wer und wie wir sind, können wir uns auch nicht zum Ausdruck bringen.

5. *Das Ego:* Das Ich identifiziert sich mit den Energien (Ideen, Gedanken, Gefühlen oder Glaubenssätzen), die aus dem

See des Unterbewußten, teilweise auch aus der Grundpersönlichkeit aufsteigen und die Bewußtseinsschwelle überschreiten. Ein Mensch, der in den ersten Jahren seines Lebens in einer bestimmten Richtung geprägt wurde, weist eine starke Tendenz auf, diese Richtung auch später beizubehalten. Viele Urhypnosen bringen die Menschen jedoch von Anfang an auf einen falschen, ihnen nicht gemäßen Weg und behindern den freien Ausdruck des Instinkts und der Grundpersönlichkeit. In diesen Fällen werden wesentliche Energien blockiert: Man ist in den Inhalten des unterbewußten Sees gefangen und vergißt, wie man sein Leben in der Gegenwart gestalten könnte. Dann spürt man auch nicht mehr, daß die Veränderung ein natürliches Lebensprinzip ist und unser Ziel darin bestehen sollte, unsere Lebensabsicht zu verwirklichen.

Die hypnotische Vergangenheit

Anhand dieses Bewußtseinsmodells läßt sich nun leichter nachvollziehen, wie die hypnotische Suggestion durch Informationen aus unserer frühesten Vergangenheit funktioniert – und wie wir diese Fehlprogrammierungen beheben können.

Der Grundpersönlichkeit des Kindes entsprechen normalerweise nur einige wenige Informationen aus seinem Umfeld. Diese «passenden» Informationen bestimmen als erstes seinen Ausdruck und vermitteln ihm grundsätzliche Erfahrungen. Da sie die Motivationskräfte der Grundpersönlichkeit unterstützen und von den Eltern befürwortet werden, handelt es sich um Informationen, die für den kindlichen Ausdruck positiv sind.

Sehr viel schwieriger ist es mit jenen Ausdrucksenergien in

der Grundpersönlichkeit des Kindes, die den Eltern fremd sind: Das Umfeld hält hierzu keine Informationen bereit, und die Eltern verstehen die Bedürfnisse und Fähigkeiten des Kindes nicht und können daher auch keine Hilfe leisten. In der Regel werden sie sogar negative oder hemmende Informationen geben, so daß das Kind diese Energiepäckchen nur schwer zum Ausdruck bringen kann oder nicht einmal erkennt.

Denn der See des Unterbewußten, der im Inneren durch die Informationen des Umfeldes entsteht, liegt bereits nach den ersten Kindheitsjahren wie ein Filter über der Grundpersönlichkeit und läßt nur noch diejenigen Impulse durch, die dem Filter – also dem Seeinhalt – entsprechen (s. Abbildung S. 20). Wenn unsere Grundpersönlichkeit Energien zum Ausdruck bringen will, für die es im See keine Entsprechung gibt, so werden diese Impulse vom See des Unterbewußten unterdrückt oder herausgefiltert. Zu diesen «unpassenden» Aspekten seiner Grundpersönlichkeit erhält das Kind daher keine Informationen – mit der Folge, daß es all diese Energie- und Ausdruckspotentiale vergißt.

Auf diese Weise werden in der Regel wesentliche Energien unserer Grundpersönlichkeit und unseres Instinkts durch Inhalte des unterbewußten Sees blockiert. Wir mögen dann unser Energiepotential ahnen, aber die Ideen und Glaubenssätze, die in der Vergangenheit in unserem See verankert wurden, hindern uns, diese Energien genauer wahrzunehmen, geschweige denn, sie angemessen zum Ausdruck zu bringen. Unser waches Ich weiß dann überhaupt nicht, wer wir wirklich sind, da wir uns mit den fremden Inhalten des Sees identifiziert haben.

Beispiel: Musikalität und Kreissägen

Angenommen, jemand wird in einer Handwerkerfamilie geboren, die seit vielen Generationen eine Schreinerei betreibt. Dann werden Mutter und Vater sicherlich alle Anzeichen handwerklicher Begabung bei ihrem Nachkömmling lebhaft begrüßen und diese durch Wort und Tat fördern. Daß das Kind darüber hinaus von Natur aus besonders musikalisch ist, fällt niemandem auf und wird daher auch von niemandem gewürdigt.

Die Folge: Der Betreffende selbst, in einer derart «unmusikalischen» Umgebung aufwachsend, in der das Kreischen der Holzsägen noch zu den lieblichsten Tönen zählt, wird allenfalls ein kümmerliches Bewußtsein seiner «absonderlichen» Begabung entwickeln – und höchstwahrscheinlich gar nicht auf die Idee kommen, daß sie sich ebenso fördern ließe wie die robustere Fähigkeit, Stühle und Tische zu zimmern.
Möglicherweise wird er seine Begabung nicht einmal spüren, da er mangels Vorbildern gar nicht weiß, daß es so etwas überhaupt gibt.

Die Entstehung dieses Sees oder Wahrnehmungsfilters im Unterbewußtsein ist nichts anderes als ein *Prozeß der natürlichen Ersthypnose*: Das Umfeld erzeugt Wahrnehmungs- und Verhaltensmuster, Wertempfindungen und Glaubenssätze, mit denen sich das Ich identifiziert. Diese Ersthypnose bestätigt sich wie jede hypnotische Suggestion selbst, indem das Ich die Wirklichkeit fortan durch diese Muster hindurch erlebt. So bestimmt auch der Wahrnehmungsfilter im Unterbewußtsein unsere Gedanken und Gefühle, prägt unsere

Wahrnehmung und formt insgesamt die persönlich erlebte Wirklichkeit. Die Energien der Grundpersönlichkeit und des Instinkts können sich nur insoweit zum Ausdruck bringen, als dies der See mit seinen Inhalten und Glaubenssätzen zuläßt. Er filtert nicht nur unsere Wahrnehmung des Umfeldes, sondern auch die Impulse unserer eigenen Grundpersönlichkeit.

Die hypnotische Suggestion bestätigt sich aber nicht allein deshalb immer wieder selbst, weil wir in unserer Umgebung nur noch dasjenige *wahrnehmen*, was mit den Inhalten des unterbewußten Sees übereinstimmt. Da alle Energien, die wir in uns bewegen – Gedanken und Gefühle, Erwartungen, Hoffnungen oder Ängste –, unsere Wirklichkeit prägen, strahlen die Inhalte unseres Sees auch in das Umfeld hinaus und tragen aktiv zur Gestaltung unserer Wirklichkeit bei. So nehmen wir einzig wahr, was wir erwarten und woran wir glauben, und was wir wahrnehmen, bestätigt umgekehrt unseren Glauben. Da dieser sich seinerseits in unserer Wirklichkeit manifestiert, wodurch umgekehrt unser Glaube bestätigt wird, entsteht ein geschlossener Kreislauf, der nur noch von außen unterbrochen werden kann.

Die Erkenntnis, daß wir von allen Möglichkeiten, die in dieser Wirklichkeit existieren, nur diejenigen anziehen, die zu unseren eigenen Energien passen, läßt sich allerdings auch positiv formulieren: *Verändern wir unsere Energien, so verändern wir auch unsere Lebensumstände.* Um jedoch unsere Energien verändern zu können, müssen wir unseren See des Unterbewußten und unsere Wahrnehmung verändern.

Beispiel: Flöten gehen

Stellen wir uns vor, der musikalische Schreinersprößling aus dem obigen Beispiel (s. S. 26) wäre mittlerweile zu einem jungen Mann herangereift, der in der elterlichen Werkstatt eine Schreinerlehre absolviert. Seine musikalische Begabung ist nie entdeckt, geschweige, gefördert worden. Die in seiner Familie herrschende Auffassung lautet: «Arbeit adelt – wer faulenzt, läßt es sich auf anderer Leute Kosten gutgehen.»

Ab und an, soweit der Lärm der Säge- und Hobelmaschinen das überhaupt zuläßt, empfindet der junge Schreinerlehrling eine vage Sehnsucht nach dem ganz anderen Leben, das seiner Begabung, seiner verschütteten Grundpersönlichkeit eigentlich entspräche. Aber selbst wenn ihm in solchen Momenten einmal das Wunschbild eines Komponisten in den Sinn käme, der scheinbar verträumt den in seinem Inneren sich entwickelnden Melodien lauscht – so würde sich der hypnotische Wahrnehmungsfilter unweigerlich gleich wieder zwischen ihn und sein Wunschbild schieben.

Unser verhinderter Musiker kann also sein eigentliches Selbst nur als negativ verzerrte Karikatur wahrnehmen, ohne Perspektive für die Zukunft: In dem Weltbild, das seine Familie ihm eingeflößt hat, ist der nach außen hin «untätige» Musikus nichts anderes als ein «Faulenzer und Nichtsnutz, der es sich auf anderer Leute Kosten gutgehen läßt».

Kaum vorstellbar scheint für ihn und sein direktes Umfeld, was doch für den außenstehenden Beobachter nur allzu plausibel wirkt: Kraft seines musikalischen Talentes

hätte der Junge aus unserem Beispiel reich und berühmt werden und ein höchst befriedigendes, an- und aufregendes, seinen Absichten und Möglichkeiten entsprechendes Leben führen können.
Als Schreiner wird er jedoch keine Zufriedenheit und keine Möglichkeiten, sein Selbst auszudrücken, finden. Man braucht keine prophetischen Gaben, um vorauszusagen, daß es mit der von Generation zu Generation vererbten Werkstatt unter seiner Leitung bergab gehen wird. Denn wenn er sich nicht danach sehnt, die Schreinerei zu führen, und entsprechend auch nur begrenzte Fähigkeiten in dieser Hinsicht besitzt, sind Energie und Leistung, die er hierfür aufwenden kann, gleichfalls zu begrenzt für einen Erfolg, an dem ihm ja vielleicht nicht einmal etwas liegt. Ohne jemals einen einzigen Ton auf einem Musikinstrument gespielt zu haben, wird unser junger Erbe also die Familienschreinerei buchstäblich vergeigen. Oder vielmehr: Eben deshalb, weil er sich seines Selbst und der ihm innewohnenden Werte nie bewußt geworden ist, werden er selbst, seine Gelder und Energien so langsam wie unaufhaltsam .... flöten gehen.

Das energetische Dominanzprinzip der Psyche

Warum spreche ich von der Veränderung der *Energien* anstatt – wie in der Psychologie sonst weithin üblich – von der Analyse, Änderung usw. des *Bewußtseins*? Weil nach meiner vielfach bestätigten Erfahrung mit Menschen alle Ideen, Gefühle und Bilder *energetisch* in der menschlichen Psyche verankert sind. Und weil unsere Psyche nach einem so schlichten wie mächtigen *energetischen Dominanzprinzip* funktioniert: Wenn verschiedene Energiefelder zusammentreffen, so übt das Feld mit der größten Intensität die größte Wirkung und den größten Einfluß aus. Das Energiemuster, dem wir die größte Aufmerksamkeit widmen oder den größten Raum im Denken, Fühlen oder Handeln geben, prägt uns mehr als dasjenige, dem wir weniger Beachtung schenken. Und diese Prägung erfolgt automatisch, ob wir sie nun realisieren oder nicht.

Das erklärt, warum das mühselige und tendenziell unendliche Verfahren der analytischen Therapien die psychischen Probleme oft vergrößert, die es doch beheben soll: Wenn man sich intensiv mit seinen ungünstigen Seiten beschäftigt, vermehrt man nur deren Energie. Da unsere Psyche nach dem energetischen Dominanzprinzip funktioniert, wirkt alles, was unsere Aufmerksamkeit, unser Denken und Fühlen einnimmt, auch energetisch auf uns und beginnt sich insofern zu verselbständigen. Möglicherweise versteht man die psychischen Probleme oder alten Muster nach langwieriger Erforschung besser, aber man hat dann auch weniger Energie übrig, um neue Muster im eigenen Innern entstehen zu lassen.

Doch erst wenn wir neue, günstige Muster schaffen und mit viel Aufmerksamkeit dominant werden lassen, können wir eine wirkliche Neuprogrammierung unseres Unterbewußtseins erwarten. Erfahrungen aus der Vergangenheit, die als Energiemuster in uns verankert sind, können nur dann gegen neue Bewußtseinsinhalte ausgetauscht werden, wenn die in Form von Sätzen oder Bildern neu eingegebenen Inhalte über große Intensität verfügen und gleichfalls wie hypnotisch verankerte Eingaben intensiv wirken und dominant werden. Die alten hypnotischen Suggestionen, mit denen wir in frühester Zeit programmiert wurden, sind damit zwar nicht gelöscht, aber sie sind inaktiv geworden, weil nun die neuen Inhalte dominieren. Und bemerkenswerterweise spielt es – entgegen sämtlichen analytischen Lehrmeinungen – überhaupt keine Rolle, *wer* die alten Inhalte in uns eingespeist hat und *warum* oder *wann* sie erzeugt worden sind. Einzig der Inhalt ist von Bedeutung und kann als solcher – durch Eingabe intensiverer Muster – deaktiviert werden, ohne daß man sich mit seiner Entstehungsgeschichte oder den Absichten der einstigen Verursacher befaßt.

Daher sollten wir es möglichst vermeiden, über unsere Probleme oder schwachen Seiten zu sprechen, darüber ständig nachzudenken oder uns auch nur düsteren Stimmungen hinzugeben: Dadurch lenken wir nur Energie dorthin, vertiefen also Schwächen und Probleme, anstatt sie zu überwinden. Unser Bewußtsein funktioniert ein wenig wie ein Scheinwerfer: Was wir mit unserer Aufmerksamkeit beleuchten, zieht Energie an; was wir ignorieren, wird von der Energiezufuhr abgeschnitten und verliert sogar mit der Zeit an Energie.

Desto unglücklicher erscheint vor diesem Hintergrund die heutige Mode, möglichst viel über Probleme zu sprechen, am Stammtisch, beim Essen und überall, wo man Geselligkeit pflegt und Zeit verbringt. Die Gründe sind wahrscheinlich darin zu suchen, daß man sich wichtig und stark vorkommt, wenn man große Probleme hat und trotzdem sein Leben meistert, oder daß man bemitleidet wird, Zuwendung erhält und die Leute einem vielleicht auch Achtung zollen, weil man es so schwer im Leben hat. Möglicherweise fühlt man sich auch einfach besser, wenn andere Menschen auch über Probleme klagen und man mit ihnen im gleichen Boot sitzt. Nicht wenige besuchen sogar Problemgruppen, in denen man sich ausnahmslos mit Problemen beschäftigt und lernt, wie man trotz seiner Probleme leben kann und daß man trotz seiner Schwächen einen Wert besitzt. Subjektiv fühlen sich die Teilnehmer gut, weil verstanden und angenommen, aber das Problembewußtsein vergrößert sich natürlich – mit der Folge, daß neue Muster in unserem Bewußtsein weniger Raum finden.

Wer unter Schüchternheit leidet, sollte also nicht einem Club der Schüchternen beitreten, sondern Kontakt zu souveränen Leuten suchen, die sich selbstverständlich und mühelos zum Ausdruck bringen können. Wer häufig Angst hat, sollte die Gesellschaft mutiger Menschen suchen; wer ständig krank ist oder sich vor Erkrankung fürchtet, sollte so oft wie möglich mit gesunden und widerstandsfähigen Menschen zusammensein, um neue Einstellungen zu lernen und seine alten Ängste nach und nach weniger wichtig zu nehmen. Wer es dagegen für normal hält, Ängsten ausgeliefert zu sein, in Problemen wühlen zu müssen, es schwer zu haben im Leben, und dieses Selbstverständnis im Umgang mit Gleichgesinnten auch noch nährt, der leitet auch diesem dominanten Muster weitere Energie zu, anstatt Raum zu schaffen für neue Muster und neue Energien.

Wenn wir also das Bedürfnis verspüren, über Schwierigkeiten oder Schwächen zu reden, sollten wir das Problem ruhig einmal aussprechen, um es zu formulieren. Dann aber sollten wir uns mit Lösungen und mit den neuen Energien beschäftigen, die wir suchen, damit etwas Neues in uns entstehen kann und entsprechend auch unserem Leben sich neue Wege erschließen.

Deaktivieren statt analysieren

Analytische Erforschung der Vergangenheit ist insofern nicht nur überflüssig, sondern erschwert sogar die angestrebte Veränderung. Denn zum einen nährt sie die belastenden Aspekte mit neuer Energie, anstatt sie zu entkräften. Zum anderen erzeugt sie eine einseitige, negativ belastete Vergangenheitssicht, die es schwer macht, ohne Wut und Vorwürfe konstruktive Energien in der Gegenwart zu entwickeln.

Dieser Zorn auf Aspekte der eigenen Geschichte ist aus einem einfachen Grund wenig sinnvoll: Auch die alten, in frühester Lebenszeit in uns eingesenkten hypnotischen Glaubensinhalte sind energetisch verankert, was bedeutet, daß sie für immer bleiben werden und sich um keinen Preis wieder löschen lassen. Anstatt nun diesen alten, unserer Grundpersönlichkeit unangemessenen Inhalten neue Energien zuzuführen, müssen wir daher *neue, angemessene Inhalte* in unseren unterbewußten See einspeisen. Wenn diese neuen Inhalte nur über genügend Energie verfügen, kommt eines Tages unweigerlich der Punkt, an dem die alten Inhalte durch die neuen energetisch ausgeglichen sind. Gewinnen die neuen Inhalte dann noch mehr Intensität, so löst sich die alte Hypnose zwar nach wie vor nicht auf, aber schließlich wird sie unwichtig für uns.

Was wir in unserem Leben erlebt haben, wird immer bei uns bleiben. Unser Leben kann es jedoch nur dann beeinflussen, wenn die energetische Intensität der alten Inhalte größer als die der neuen ist. Verfügen dagegen die neuen Inhalte über eine höhere Intensität, dann ist der Bann gebrochen und die Macht der alten, «falschen» Bilder geschwächt oder sogar aufgelöst.

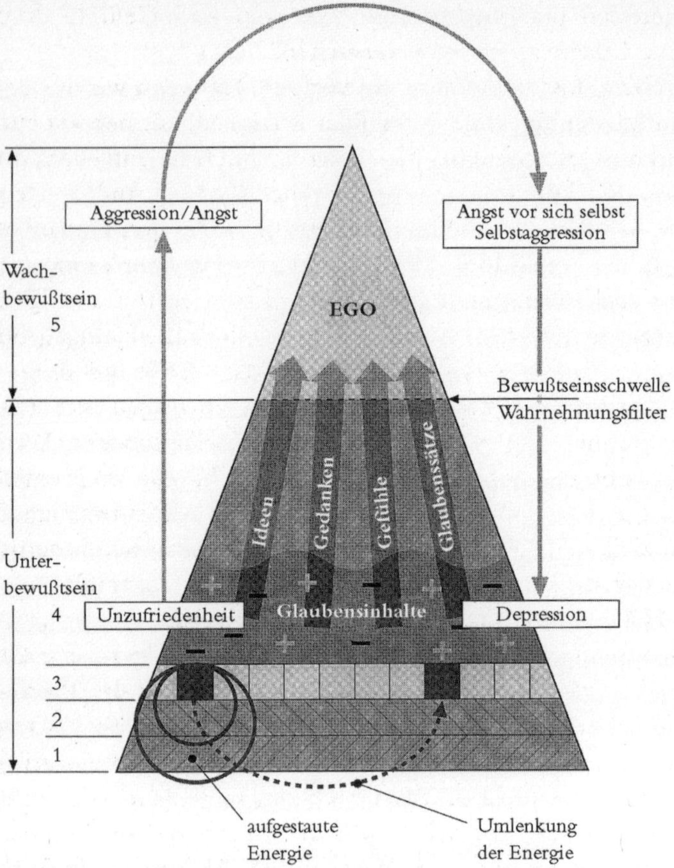

Grundmodell der Energiebewegungen in der menschlichen Psyche

Den See des Unterbewußten umgestalten

Zerstückeln wir aber nicht unser eigenes Selbst, verlieren wir nicht unsere Persönlichkeit, wenn wir derart unsere inneren Bilder umzuhängen, unsere seit Jahren und Jahrzehnten vertrautesten und intensivsten Gedanken und Gefühle durch neue Inhalte zu ersetzen versuchen?

Hierauf ist zunächst zu antworten: Nur wenn wir uns dem Einfluß der Vergangenheitsbilder entziehen, können wir auch unserer Geschichte und der Prägung durch sie entgehen, und nur dann können wir unser wirkliches Selbst finden. Denn ein Großteil der Energien, die wir in Form von Gedanken, Gefühlen und Bildern in uns tragen, ist in unserer Vergangenheit entstanden und hält uns folglich bei den Inhalten dieser Vergangenheit fest, obwohl sie uns von außen eingegeben wurden und nicht zu unserem wirklichen Selbst gehören.

Wer im Bann dieser Inhalte des unterbewußten Sees steht, kann daher – beispielsweise – noch so emsig arbeiten: Wenn er glaubt, daß er persönlich keinen Wert habe, wird niemand seine Arbeit anerkennen und er niemals angemessenen finanziellen Rückfluß bekommen, weil er selbst sich innerlich für wertlos hält und dies unweigerlich auch ausstrahlt.

Haben dann aber nicht all jene recht, die immer schon behauptet haben, daß die Vergangenheit zwingend die Gegenwart verursache und der Mensch schlicht das Produkt seines Umfeldes sei? Nein, diese Auffassung ist falsch. Denn die Gedanken und Gefühle, die in der Vergangenheit verursacht wurden und in deren energetischem Bann wir seither stehen mögen, sind nicht wirklich ein Teil von uns, sondern uns vor langer Zeit von außen eingeflößt worden. In Wirklichkeit *sind* wir also nicht diese Gedanken und Gefühle, vielmehr *haben* wir Gedanken und Gefühle, die dadurch entstehen, daß wir auf das Umfeld oder auf die Vergangenheit reagieren. Da wir dann die entsprechenden Energien übernehmen, erliegen wir leicht der Gefahr, uns ausgerechnet mit denjenigen Inhalten zu identifizieren, die uns seit langem am Ausdruck unserer Grundpersönlichkeit hindern. Wir sind vielleicht durch unsere Vergangenheit geprägt worden, aber das muß nicht so bleiben, da sie nur unser Verhalten geprägt hat.

Denken Sie an den verhinderten Musiker aus unserem ersten Beispiel: Sind etwa jene falschen Gedanken, Gefühle und Bilder, die ihn daran gehindert haben, seine Musikalität zu entdecken, zu entwickeln und auszuleben, Bestandteile seiner Persönlichkeit? Das Gegenteil trifft zu!

Wie aber können wir – nachdem wir einmal durch den unterbewußten See fehlprogrammiert worden sind – überhaupt noch in Erfahrung bringen, was unsere Grundpersönlichkeit wirklich will und worin unsere Lebensabsicht besteht? Wie können wir herausfinden, über welche Möglichkeiten wir verfügen und welche Fähigkeiten wir besitzen? Auch hierfür müssen wir versuchen, den Einfluß des hypnotischen Wahrnehmungsfilters auf unsere Gedanken, Gefühle und Erwartungen aufzulösen und die Impulse aus den Tiefen unserer Grundpersönlichkeit und unseres Instinktes ungefiltert in unsere bewußte Wahrnehmung auftauchen zu lassen. Wir müssen also, kurz gesagt, den See des Unterbewußten umgestalten, indem wir alles loslassen, was sich in ihm an uns nicht entsprechenden Richtlinien, Glaubenssätzen und Wertsystemen in unserer Vergangenheit angesammelt hat. Statt dessen müssen wir nach neuen Inhalten suchen, die unserer Sehnsucht und angestrebten Lebensqualität besser entsprechen.

Daher gilt es nun zu lernen, nicht länger automatisch auf solche Reize der Vergangenheit – Erinnerungen, innere Bilder – zu reagieren, sondern unsere Gedanken und Gefühle entsprechend den eigenen Bedürfnissen zu wählen: Wem dies gelingt, der ist auch von der hypnotischen Macht seiner Vergangenheit befreit. Und ein wichtiger Schritt zu dieser Freiheit ist eben die Einsicht, daß viele Gedanken und Gefühle, die wir seit langem in uns tragen, nie zu unserer Grundpersönlichkeit gehörten. Da sie durch Einflüsse von außen in unser Unterbewußtsein eingepflanzt worden sind, können sie auch wieder losgelassen werden. Wir können sie also bedenkenlos austauschen, ohne uns selbst dabei in unserer wahren Persönlichkeit zu verändern oder gar einen Aspekt unseres Selbst zu verlieren – im Gegenteil.

1. Stufe

Das Geheimnis des Mißerfolges: Hypnotische Kindheitsbefehle

In den alten esoterischen Lehren wird seit jeher behauptet, daß jeder einzelne kraft der persönlichen Energien, die er in sich trägt, seine persönliche Wirklichkeit gestalten kann. Die Frage ist nur, ob wir bewußt und willkürlich diese Gestaltung übernehmen – oder ob unser Ich, die «Spitze des Eisberges», sich von den Energien unseres Unterbewußtseins lenken läßt, ohne bewußte Entscheidungsfähigkeit zu entwickeln.

Da das Unterbewußtsein schon aufgrund seiner Größe über weitaus mehr Energie verfügt, kann sich das Wachbewußtsein kaum gegen die unterbewußten Inhalte wehren oder deren Einfluß entziehen. Und solange unser unterbewußter See von Energien – Gedanken und Gefühlen, Ideen und Bildern – der Vergangenheit erfüllt ist, wird sich der Eisberg auch weiterhin auf dem von unserer Geschichte vorgegebenen Kurs bewegen. Dennoch ist das bewußte Ich diesen gewaltigen Energien nicht einfach ausgeliefert: Verändern wir die Glaubensinhalte in unserem unterbewußten See, so transformieren wir auch die Energien, die von unserem Inneren in unsere persönliche Wirklichkeit ausstrahlen und diese tiefgreifend mitgestalten.

Unser Selbstverständnis und unsere Weltsicht – und damit

natürlich auch unser Verhältnis zum Geld, unsere innere Einstellung zu Reichtum, Selbstwert und dem persönlichen Recht auf Wohlstand – sind zutiefst durch die hypnotisch verankerten Inhalte des unterbewußten Sees geprägt. Da diese inneren Einstellungen nach außen strahlen und sich im persönlichen Umfeld widerspiegeln, verwundert es nicht, daß jemand, der kein Selbstwertgefühl hat, auch ständig Leute anzieht, die ihn ausnehmen und unterdrücken wollen. Habe ich Angst vor Verlusten, so werde ich ständig etwas verlieren; fühle ich mich minderwertig, so werde ich als einziger bei einer Beförderung übergangen und so fort. Meine eigenen Energiemuster sorgen dann dafür, daß meine geheimen Befürchtungen eintreffen. Meine persönliche Wirklichkeit, unbewußt geschaffen von mir selbst, bestätigt meine inneren Erwartungen; und meine alten Hypnosen wiederholen und bekräftigen sich wieder von selbst.

Wir sollten uns zwar davor hüten, die alten – für uns nun unpassenden, «falschen» – Glaubenssätze durch analytische Erforschung der Vergangenheit energetisch zu nähren. Dennoch müssen wir die betreffende Fehlprogrammierung einmal ins Auge fassen, um zu erkennen, welche Inhalte uns bisher behindert haben und wie die neuen Energien – Gefühle, Gedanken und Bilder – beschaffen sein müssen, um die alten Muster wirksam ersetzen zu können.

Auch zu Geld und allem Materiellen hat jeder Mensch eine Einstellung, die er aus seiner persönlichen Geschichte mitbringt. Das kann eine Kontra-Einstellung sein: Man will alles ganz anders als die Eltern oder das Umfeld machen – oder eine Pro-Haltung: Man identifiziert sich und macht alles haargenau so, wie man es als Kind gelernt hat. Waren die Eltern extrem sparsam, so wird man entweder selbst zum Geizhals oder gibt im Gegenteil das Geld mit vollen Händen aus und verschuldet sich hemmungslos, nur um niemals wie die Eltern zu sein. So oder so ist man in seiner Einstellung, seinem Verhalten und Verhältnis zum Geld unfrei und von den Energiemustern aus dem unterbewußten See gelenkt.

Um sich von diesen Energiemustern zu befreien und sie durch neue, passende zu ersetzen, sind nach meiner Erfahrung im Vorfeld zwei Schritte erforderlich:

1. Schritt: Wir müssen uns bewußt machen, *was wir über Geld denken* (die alten Glaubenssätze ansehen).
2. Schritt: Wir müssen uns vor Augen führen, *was Geld eigentlich ist.*

Anschließend können wir versuchen, eine sinnvollere Einstellung zum Geld zu entwickeln und diese durch entsprechende Informationen auch in unserem Unterbewußtsein zu verankern.

Erster Schritt: Die alten Glaubenssätze ansehen

Welche Einstellungen zu Geld, welche Definitionen und Zuschreibungen fallen einem spontan ein? Erstellen wir eine kleine Liste:

Geld stinkt.
Geld macht nicht glücklich.
Geld verdirbt den Charakter.
Geld ist unanständig.
Geld macht nicht glücklich, aber beruhigt.
Geld macht nicht glücklich, aber zufrieden.
Geld ist Mangelware.
Geld regiert die Welt.

Geld kann nur erarbeitet werden.
Geld gibt Selbstbewußtsein.
Geld ist asozial.
Über Geld spricht man nicht.
Wer Geld hat, muß es anderen weggenommen haben.
Der anständige Mensch gibt, ohne dafür etwas haben zu wollen.
Der ist sein Geld wert.

Natürlich gibt es noch viele weitere solcher Glaubenssätze zum Geld. Und ich bin sicher, daß die meisten Leser dieses Buches – wie vor ihnen Tausende Seminarteilnehmer – in etlichen dieser Sätze Informationen oder Glaubensinhalte wiedererkennen, die auch sie selbst als Kinder mitbekommen haben.

Diese Glaubenssätze zum Thema Geld und Reichtum lassen sich grob in drei Gruppen aufteilen:

1. *Geld ist schlecht (aus religiöser, moralischer, sozialer ... Sicht).*
2. *Geld macht unglücklich (einsam, verlustängstlich, mißtrauisch ...).*
3. *Geld ist wichtig für das Selbstbewußtsein.*

Zu erwähnen wäre noch eine vierte Gruppe von Sätzen, die sich den anderen drei nicht eindeutig zuordnen läßt:

Andere haben es viel leichter, zu Geld zu kommen.
Ich habe meine Chance vertan.
Ich habe nie eine Chance bekommen.
Meine Eltern haben mich auf die falsche Schule geschickt.
Ich bin eben ein Pechvogel ...

Diesen Sätzen sieht man ziemlich leicht an, daß sie weniger um das Geld selbst als um denjenigen kreisen, der sich bemitleidet und nach Sündenböcken sucht. Trotzdem handelt es sich auch hier um Glaubenssätze, die den Betreffenden zeitlebens hindern können, sein Glück zu machen. Denn die Niederlage, die ich von vornherein erwarte, bereite ich mir auch weitgehend selbst.

Weniger leicht ist zu durchschauen, was es mit den Glaubenssätzen der drei anderen Gruppen auf sich hat. Sehen wir uns daher einige dieser Sätze etwas näher an.

Geld stinkt: Ein weitverbreiteter Satz. Was suggeriert er? Geld ist Verbrecherbeute. Wer es anpackt, macht sich die Hände schmutzig. Leute mit Geld sind verdächtige, miese Typen, die auf anderer Leute Kosten reich geworden sind.

Geld macht nicht glücklich: Warum nicht? Wer Geld besitzt, muß es anderen weggenommen haben. Also sind ihm die anderen nicht günstig gesinnt, und folglich muß er selbst auf der Hut sein. Der Reiche hat keine Freunde. Er ist einsam, mißtrauisch und von der Sorge geplagt, daß irgendwer ihm sein Vermögen genauso wegnehmen könnte, wie er selbst es anderen abgeluchst hat. Wer dagegen nichts besitzt, hat auch nichts zu verlieren und folglich auch keine Verlustangst. Kurz gesagt: Lieber arm und glücklich als reich und trübselig.

Geld verdirbt den Charakter: Wer Geld hat, besitzt auch Macht, und wer Macht hat, mißbraucht sie. Wer Geld hat, glaubt, sich alles kaufen können.

Geld ist Mangelware: Ein seltsamer, aber gleichfalls weitverbreiteter Satz. Was besagt er? Geld ist ein knappes Gut, und das bißchen Geld, das es gibt, ist längst verteilt. Wozu soll ich mich also heute noch anstrengen? Damals, direkt nach dem Krieg, da hätte ich auch Geld machen können, aber heute kommst du da nicht mehr dran.

Geld gibt Selbstbewußtsein: Für jemanden, der zu Geld kommen will, ist das kein schlechter Glaubenssatz. Wenn es einem an Selbstbewußtsein mangelt und er denkt, wenn ich erst mal reich bin, werde ich auch selbstbewußt sein, dann hat er jedenfalls einen starken Antrieb. Allerdings stellt für ihn das Geld wahrscheinlich den einzigen Wert dar – mit der Folge, daß alles andere in seinem Leben zusammenbrechen wird: scheiternde Ehe, die Kinder wenden sich ab von ihm, seine Gesundheit ist spätestens mit vierzig, fünfzig Jahren ruiniert. Wer sein Leben auf der Formel *Geld = Selbstbewußtsein* aufbaut, bekommt ein großes Problem, weil er die menschlichen Werte in seinem Leben, sich selbst und seine Sehnsüchte vergessen hat.

Der ist sein Geld wert: Das ist der einzige wirklich günstige Glaubenssatz in unserer Liste. Gegen Sätze dieser Art (und höherer Intensität) müssen wir die alten Informationen in unserem unterbewußten See austauschen – dann ist der Bann gebrochen, und die Ströme der Energien und des Geldes zirkulieren endlich ungestaut.

Wie aber läßt sich überhaupt erklären, daß so viele Menschen ihr halbes Leben lang so unsinnige Glaubenssätze zum Geld mit sich tragen? Vermutlich liegt das zumindest teilweise auch daran, daß zu wenige Leute sich klarmachen, was Geld überhaupt ist, wie die Idee des Geldes entstanden und verwirklicht worden ist. Wenn man sich erst einmal vor Augen geführt hat, worum es sich beim Geld eigentlich handelt, wie es funktioniert und welche Energien sich dahinter verbergen, dann erkennt man auch, daß die allermeisten der oben aufgelisteten Geldsätze unsinnig und haltlos sind. Und wenn man die Energie erkannt hat, die das Geld fließen läßt, dann kann man sich in diese Energieströme einklinken und sein Leben – soweit es um Geld geht – tatsächlich umgestalten.

Zweiter Schritt: Was ist eigentlich Geld?

In grauer Vorzeit, als es noch kein Geld gab, mußten sich alle Menschen jeden Gegenstand, den sie brauchten, selbst anfertigen oder besorgen. Wenn sie Hunger hatten, erlegten sie Tiere und sammelten Beeren. Um sich vor dem Wetter zu schützen, bauten sie sich mit eigenen Händen Unterkünfte. Als sie seßhafter wurden, rodeten sie die Wälder, zogen Nutzpflanzen heran und hielten sich Haustiere. Zu jener Zeit waren die Menschen noch autark. Was immer sie benötigten, beschafften sie sich selbst. Geld war damals nicht erforderlich.

Eines Tages aber geschah folgendes: Jemand machte sich auf den mühseligen Weg zu seinem nächsten Nachbarn im Süden, der vielleicht fünf Tagesritte entfernt wohnte. Dort stellte er fest, daß die Äpfel an dessen Bäumen viel größer und schmackhafter waren als seine eigenen. Auf der anderen Seite hatte das Dach auf dem Haus des Nachbarn ein häßliches Loch, während der Besucher just auf seine Dachdeckerkünste besonders stolz war.

Für ihn selbst war es nur eine kleine Augenblicksidee, für die Menschheit aber ein gewaltiger Entwicklungssprung, als unser Besucher zu seinem Nachbarn ungefähr sagte: «Hör mal, mein Freund, wie ich sehe, ist dein Dach undicht. Dächer zu decken verstehe ich wie kein zweiter, deshalb nimm mir die Bemerkung nicht übel: Du hast es ziemlich stümperhaft gedeckt. Auf der anderen Seite muß ich zugeben, daß deine Äpfel viel größer und süßer als meine sind; wie es aussieht, kannst du viel besser Apfelbäume pflanzen und hegen als ich. Was hältst du also davon, wenn ich dir dein Dach decke, und du gibst mir zehn Säcke Äpfel dafür?»

So geschah es, und nicht lange, nachdem der Reiter mit seinen zehn Säcken voller Äpfel glücklich zu Hause angekommen war, brach er von neuem auf. Diesmal besuchte er seinen nächsten Nachbarn im Norden, der vier Tagesritte entfernt wohnte. Dort entdeckte er, daß der Nachbar viel besser schmieden konnte als er selbst: Lauter scharfe, stabile, funkelnde Messer und Beile und Schwerter hatte der; aber auch das Dach dieses Hauses war undicht und stümperhaft gedeckt. Da wurden die beiden sich einig, daß der eine dem anderen das Dach deckte und überdies einen Tisch zimmerte, denn auch darin war er geübt, und der andere fertigte ihm im Gegenzug Werkzeuge an.

Das war der Beginn des Tauschhandels.

Vom mühsamen Handel mit Mühlsteinen

Der Tauschhandel entstand also aufgrund einer schlichten Einsicht: Der andere braucht etwas, das ich gut machen kann, und dafür hat er etwas, das ich gern haben möchte, aber selbst nicht so gut herstellen kann.

Wie sich jedoch einige Zeit darauf herausstellte, hat auch der Tauschhandel seine Grenzen und Schattenseiten: Wenn alle andauernd zu einem ihrer meilenweit entfernt wohnenden Nachbarn reiten müssen, um einen Sack Äpfel, ein paar Werkzeuge oder Dachschindeln zu bekommen, dann ist alle Welt unablässig unterwegs, um zu tauschen und zu handeln, und man kommt zu nichts anderem mehr.

Folglich ritt einer dieser frühen Tauschhändler eines Tages zwar erneut zu seinem Nachbarn, diesmal aber mit einer neuen Idee. «Sag mal, mein Freund», begann er, «ist dir auch schon aufgefallen, wieviel Zeit man mit diesem Tauschhandel vergeudet? Laß es uns anders machen: Wir vereinbaren eine Zeit und einen Ort, wo wir uns treffen. Dieser Treffpunkt soll unser Tauschplatz sein, wo jeder zur gleichen Zeit alles eintauschen kann, was er braucht und was er zu bieten hat.»

Da fing der Tauschhandel erst richtig an. Die Leute jener Gegend einigten sich auf einen Platz, der verkehrsgünstig am Fluß und an gangbaren Wegen lag. Dort wurden Hütten errichtet und Zelte aufgeschlagen, und man traf sich zweimal im Monat oder jede Woche, um zu tauschen.

Mit dieser Lösung waren alle für längere Zeit zufrieden: Wer zum Tauschplatz ging, brachte mit, was er am besten konnte – der Werkzeugmacher sein Werkzeug, der Töpfer sein Geschirr, der Bauer sein Obst und Gemüse und so fort. Jeder ging zum Markt, um das, was er am besten herstellen konnte, gegen das zu tauschen, was ihm nicht so gut gelingen wollte.

Bis eines Tages wieder jemand auf eine gute Idee kam, ein Apfelbauer diesmal. «Seltsam», sagte er sich, «immer wenn ich zum Tauschplatz komme, ist der Werkzeugmacher entweder nicht da oder hat kein Werkzeug mehr. Also muß ich andauernd irgend etwas anderes eintauschen, zum Beispiel Mühlsteine, obwohl ich gar keine Mühlsteine brauche. Um aber nicht vergeblich zum Tauschplatz geritten zu sein, schleppe ich jedesmal einen neuen Mühlstein nach Hause, und dann schimpft mich immer wieder meine Frau und sagt: ‹Wo sollen wir denn all die Mühlsteine lagern?› Dabei brauche ich einfach nur ein Messer, aber wenn der Messermacher nicht in seinem Zelt ist, nehme ich vorsichtshalber einen Mühlstein mit, weil ich den jederzeit wieder gegen andere Dinge eintauschen kann …»

So ungefähr sinnierte also unser Apfelbauer, während er auf seinem Pferd nach Hause ritt, und nicht viel anders grübelte er wieder, als er in der Woche darauf erneut auf dem Weg zum Tauschplatz war. Außer seinen Äpfeln schleppte er einen ganzen Stapel Mühlsteine mit sich, denn diesmal wollte er unbedingt die Äpfel und die Steine gegen einen Satz Messer tauschen.

Die Sache ließ sich auch recht gut an: Der Werkzeugmacher war da und hatte ganze Truhen voller Messer vor sich aufgebaut. Indessen – die Sorte Messer, die unser Apfelbauer dringend suchte, war nicht dabei. Was also blieb ihm anderes übrig? Fluchend lud er seine Mühlsteine wieder auf, tauschte seine Äpfel gegen ein paar Perlen ein, um seine Frau zu besänftigen, und schleppte sich mit der ganzen Fuhre wieder heimwärts.

Die Apfelbäuerin aber machte sich nichts aus Perlen. «Ein *Messer* brauch' ich, du Hanswurst!» schrie sie. «Diese verfluchten Mühlsteine hast du mir zum letzten Mal in den Apfelgarten geschleppt!»

Und während die Bäuerin zeterte und der Mann sich gesenkten Hauptes die Strafpredigt anhörte, da dämmerte ihm auf einmal, daß sich der ganze Tauschhandel viel einfacher organisieren ließ.

Als er das nächste Mal zum Tauschplatz ritt, ließ er seine Mühlsteine daheim. Statt dessen trat er auf den großen Platz zwischen den Zelten und Hütten und rief alle zusammen, die gekommen waren, um Äpfel gegen Dachschindeln, Teller gegen Pferde oder Mühlsteine gegen Beile einzutauschen.

«Alle mal herhören», sprach der Apfelbauer zu ihnen, «ärgert es euch nicht auch manchmal, wie mühselig dieser Tauschhandel ist? Wie oft kommt es vor, daß wir etwas eintauschen wollen, das gerade nicht angeboten wird, oder etwas anbieten, das gerade niemand gebrauchen kann! Laßt es uns anders machen: Wir schreiben auf, was jeder eintauschen will. Die Sachen selbst lagern wir an anderen Orten. Dann geben wir allem, was hier getauscht werden kann, einen Wert; zum Beispiel: Drei Säcke Äpfel sind soviel wert wie ein Mühlstein, oder drei Mühlsteine ergeben zwanzig irdene Teller, und ein Teller ergibt wieder einen Sack Äpfel und so weiter ... Und so rechnen wir bei jedem Tausch die Dinge gegeneinander auf.»

Der Gedanke leuchtete allen Tauschhändlern ein, und so saßen sie an jenem Tag lange zusammen und schrieben alles auf, was gehandelt wurde, und gaben jedem Ding im Verhältnis zu den anderen Dingen seinen Wert.

Die Urform des Geldes

Was unsere Tauschhändler damals erfanden, war nichts anderes als die Urform des Geldes: Jemand brachte einen Wert, und dafür versprachen ihm die anderen, etwas Entsprechendes zu geben – einen Gegenwert. Die Urform des Geldes war also ein Tauschversprechen, durch das Werte ausgeglichen wurden.

Zu jener Zeit gab es aber schon viele Tauschmärkte überall in der Umgebung. Als nun der Apfelbauer zu einem anderen dieser Märkte zog, mußte er feststellen, daß dort ganz andere Tauschversprechen galten: Auf einmal sollten zehn Säcke Äpfel nicht mehr einen Mühlstein, sondern mit Müh und Not ein einziges Messer einbringen. Wieso das? Auf diesem Markt gab es bereits zehn Apfelbauern, und da dämmerte unserem Tauschhändler eine weitere Wahrheit: «Was ich eintauschen will, kann noch so einwandfrei und qualitätvoll sein – wenn andere das gleiche zu bieten haben, sinkt der Wert. Am besten gehe ich also immer zu jenem Tauschmarkt, wo außer mir kaum jemand Äpfel eintauschen will.»

Etwas allgemeiner gesprochen, lautet diese Einsicht: «Was

ich anderen anbieten will, muß so vollkommen wie möglich sein. Aber das allein reicht noch nicht: Ich muß es auch den Leuten anbieten, die diese Dinge nicht selbst haben oder schon von anderen bekommen – dann steigt der Wert der Sache, die ich anbiete.»

In jener Frühzeit des Tauschhandels leuchtete sicherlich noch jedem ein, was zu verstehen heute manchen schwerfällt: Wie die Sachen entstanden sind, die ich eintauschen will, ist für ihren Wert ohne Belang. Für den Apfelbauer war es klar, daß er nicht auf das Tauschversprechen – zehn Sack Äpfel für einen Mühlstein – pochen konnte, wenn er nach einem schlechten Sommer halb verfaulte Äpfel statt der gewohnten prallen und süßen Früchte zum Markt schleppte. Die anderen Tauschhändler hätten ihn ausgelacht, wenn er etwa folgende Argumente ins Feld geführt hätte:

«Jetzt hört aber mal, diese Äpfel kann ich euch nicht billiger geben – schließlich habe ich zehn Jahre Praxis als Apfelbauer, all mein Wissen hineingesteckt und zehn Monate wie ein Wilder gearbeitet! Was interessiert es da, ob das Wetter schlecht war und diese speziellen Äpfel, die ich mitgebracht habe, verfault und wurmstichig sind? Ich habe wie jedes Jahr gearbeitet dafür, und deshalb will ich den vereinbarten Preis dafür bekommen!»

Die Antwort, wie gesagt, wäre schallendes Gelächter gewesen. Die Ausbildung des Apfelbauern, seine Arbeitszeit – alles das war für den Wert der Sache völlig bedeutungslos. Von Bedeutung war allein, ob die Sache, die er anbot, qualitätvoll war und ob die Leute, denen er sie anbot, diese Sache auch brauchten.

Das nämlich ist das Geheimnis des Tauschversprechens: Man bekommt nur dann einen Tauschwert, wenn das, was man eintauschen will, einen Wert hat. Einzig und allein dieser Wert zählt.

Aus alledem folgt, daß das Geld ursprünglich nichts anderes als ein verbrieftes Tauschversprechen war. Der Wert des Geldes richtete sich allein nach dem Wert der Sache, welche die Leute eintauschen wollten. Und was sie eintauschen wollten, war die Entsprechung zu dem, was der Tauschpartner ihnen vorher gegeben hatte.

Betrachten wir nun aber vor diesem Hintergrund unsere oben angeführte Liste negativer Glaubenssätze: *Geld stinkt ... Wer Geld besitzt, muß es anderen weggenommen haben ... Geld ist asozial ...*

Auch über solche Behauptungen hätten unsere frühzeitlichen Tauschhändler sicherlich nur ungläubig gelacht. Warum sollte jemand schlecht sein, der unter den Bedingungen des Tauschversprechens Geld verdiente? Im Gegenteil: Der mußte erstklassig sein! Wäre er nicht erstklassig gewesen, dann hätte ihm auch niemand Geld gegeben. Denn das jeweilige Versprechen – zum Beispiel: zehn Sack Äpfel gegen einen Mühlstein – galt natürlich nur unter der Voraussetzung, daß beide Seiten bestmögliche Qualität produzierten. Und nutzte derjenige, der damals zu Geld kam, andere aus? Wiederum im Gegenteil: Er gab ihnen genau das, was sie am dringendsten haben wollten. Er tat ihnen etwas Gutes, und deshalb kam er zu Geld.

Wie aber verhielt es sich mit dem Geld selbst, welche Wertschätzung genoß es? Anders gefragt: Gingen damals Leute zum Markt, weil sie Geld bekommen wollten? Sicherlich nicht. Im Endeffekt wollte man etwas anderes, Konkretes, Nützliches haben, aber als Zwischenzustand – um die Umständlichkeit des direkten Tauschhandels zu vermeiden – akzeptierte man das Geld. Es war also ein Mittel zum Zweck, ein Tauschversprechen, das baldmöglichst eingelöst wurde.

Qualität und Bedarf

Die ursprüngliche Idee des Geldes war demnach die Vereinbarung, miteinander entsprechende Werte auszutauschen. Wer zu Geld kommen wollte, mußte Werte haben, die er einsetzen konnte, und diese Werte mußten erstens qualitätvoll sein und zweitens gebraucht werden. Alles andere spielte höchstens eine untergeordnete Rolle. Ob der Apfelbauer zehn Jahre lang regelmäßig pralle und süße Früchte geerntet hatte, war für seine Tauschpartner herzlich egal, wenn er im elften Jahr minderwertiges Obst auf den Marktplatz brachte: Das Tauschversprechen galt für die Äpfel von gewohnter Qualität, und Aspekte wie Erfahrung oder Ausbildung des Apfelhändlers waren mehr oder weniger belanglos.

Auf unsere heutige Zeit übertragen bedeutet dies: Ein Angestellter im Büro hat für das Unternehmen nicht schon deshalb einen Wert, weil er vorher jahrelang ausgebildet worden ist und nun seine Zeit in diesem Büro verbringt. Wenn er über die Geschichte und die eigentliche Bedeutung des Geldes nachgedacht hat, müßte sich dieser Angestellte vielmehr fragen: Wieviel Wert erzeuge ich während meiner Arbeitszeit? Seltsamerweise kommt heute kaum jemand auf die Idee, sich diese Frage zu stellen. Dabei liegt es doch auf der Hand: Wenn ich durch meine Arbeit keinen Wert erzeuge, dann handelt es sich eben um wertlose Arbeit, für die mich auf Dauer auch niemand bezahlen wird.

Da diese schlichte, heute aber anscheinend schwer zu fassende Einsicht für alles weitere so wichtig ist, wiederhole ich sie hier noch einmal: Wenn wir etwas auf dem Markt verkaufen wollen – mag es sich nun um Äpfel oder um die eigene Arbeitskraft handeln –, dann müssen wir

- gute Werte anbieten und
- dorthin gehen, wo diese Werte auch benötigt werden.

Die prachtvollsten Äpfel sind wenig wert auf einem Markt, auf dem es ein Überangebot an Äpfeln gibt. Umgekehrt bekommt man selbst in einer Gegend, wo die Leute nach Äpfeln lechzen, nur einen sehr geringen oder gar keinen Gegenwert, wenn man nur verfaultes und wurmstichiges Obst anzubieten hat.

Zu Zeiten des einfachen Tauschhandels waren diese Verhältnisse allerdings noch leichter zu durchschauen und die zugehörigen Regeln entsprechend leichter zu beherzigen als heute. Wer nichts zu bieten hatte, kam damals gar nicht auf die Idee, sich zum Markt zu begeben – sowenig wie jemand, der nicht wußte, daß dort ein Bedarf bestand. Positiv ausgedrückt: Wer zu Geld kommen wollte, mußte natürlich darüber nachgedacht haben, welchen Wert er für andere hatte und was er ihnen bieten konnte.

Fragt man dagegen heute jemanden: «Worin besteht denn dein Wert, wodurch hast du es verdient, selbst zum Chef zu werden und reich zu sein?», so wird man in der Regel keine Antwort bekommen. Denn diese Denkweise ist völlig aus den Köpfen verschwunden. Dabei ist die Sache ganz einfach: Wer überhaupt eine Chance haben will, zu Geld – also zu Rückfluß – zu kommen, der muß sich als erstes seiner eigenen Werte wieder bewußt werden.

Erinnern Sie sich an das Modell des Bewußtseins, das ich zuvor skizziert habe? Wenn wir durch den See des Unterbewußten von unserer Grundpersönlichkeit entfremdet sind, können wir gar nicht wissen, welche Werte tief in uns schlummern. Um zu wissen, welche Werte wir haben, müssen wir also zunächst einmal erfahren, wer wir selbst eigentlich sind. Solange ich mir weder meiner selbst noch meiner Werte bewußt bin, kann ich natürlich auch nicht wissen, wer diese Werte möglicherweise brauchen kann.

Deshalb leben heute so viele Menschen schlecht und recht

dahin: unzufrieden, ohne Selbstbewußtsein und ohne ihren Wert zu kennen. Und mit blockierten Energien, denn auch beim Tausch von Werten und beim Geld als Tauschversprechen geht es um nichts anderes als um Energien und darum, sie auszutauschen.

2. Stufe
Das Geheimnis des Erfolges: Selbst zu Geld werden

Aus der kleinen Geschichte des Geldes, wie ich sie im voranstehenden Kapitel skizziert habe, läßt sich eine weitere Einsicht ableiten: Geld ist kein Selbstzweck, kein Wert an sich oder Schatz, den man horten sollte, wie dies die Zwerge und Drachen in alten Sagen und Märchen tun. Wer seine eigenen finanziellen Verhältnisse verbessern will, muß vielmehr erkennen: *Geld ist ein Mittel zum Zweck,* etwas, das man vorübergehend in Kauf (statt dauerhaft in Besitz) nimmt, um auf diese Weise sein eigentliches Ziel zu erreichen.

Das bedeutet jedoch, daß wir uns darüber klarwerden müssen, welche Zwecke wir eigentlich verfolgen. Nur wer seine Absichten kennt, wem das individuelle Ziel deutlich vor Augen steht, der vermag auch genügend Motivationsenergie aufzubauen. Auch hierfür ist also hinreichende Selbsterkenntnis erforderlich, ohne die jedoch der Kreislauf aus Fluß und Rückfluß überhaupt nicht in Gang kommen kann: Vor allem anderen müssen wir uns bewußt werden, welchen Wert wir auf dem Markt des Lebens anbieten können, welche besonderen Fähigkeiten und Fertigkeiten wir selbst besitzen, die für andere Menschen einen Wert darstellen können. Wir müssen also unseren persönlichen Marktwert kennen- und zutreffend einschätzen lernen. Denn nur wer seinen eigenen Marktwert kennt, kann auch damit rechnen, daß er einen angemessenen Rückfluß erhält.

Es klingt vielleicht ein wenig überspitzt, ist aber nur eine geringfügige Übertreibung, wenn ich sage: *Im Prinzip müssen wir dahin kommen, daß wir überhaupt kein Geld brauchen, weil wir selbst zu Geld geworden sind.* Was bedeutet das, wenn einer von sich sagt: Ich bin ganz und gar zu Geld geworden? Wer sich seiner Werte vollkommen bewußt ist, der kann überall in der Welt, wo immer er sich gerade befindet, einen Wert in Austausch bringen und daher auch immer einen Rückfluß erzielen. Das ist das Geheimnis des Erfolges: Wer überall und jederzeit imstande sein will, zu Geld zu kommen, der muß seinerseits zu Geld, zu einem lebendigen Austauschwert für alle möglichen Menschen und Gruppen, werden.

Das aber setzt nicht nur voraus, daß wir unsere eigenen Werte kennen, sondern überdies, daß wir durch genaue Beobachtung herausfinden, was andere Menschen überhaupt brauchen.

Dynamischer Austausch

Die Beobachtung anderer Menschen, wie ich sie verstehe, hat nichts mit Marketing im herkömmlichen Sinn zu tun. Denn während die Marketingstrategen Bedürfnisse *wecken* wollen, meine ich, daß wir die Bedürfnisse anderer Menschen *erkennen* müssen. Wer erfolgreich sein will, muß auch von dem Wunsch erfüllt sein, anderen Menschen wirklich zu helfen. Und um ihnen wahrhaft helfen zu können, muß er wirklich Liebe und Achtung für andere Menschen empfinden und seinerseits das Bedürfnis haben, herauszufinden, was ihnen hilft.

Nur mit dieser Grundmotivation können wir Energien von solcher Stärke freisetzen, daß der entsprechende Rückfluß uns zu wirklichem Reichtum verhilft. Einfach «reich werden wollen» ist dagegen keine hinreichende Grundmotivation: Der bloße Wunsch, «mehr Geld zu haben», baut keine Energien auf, sondern setzt allenfalls das altbekannte Karussell der Illusionen und Frustrationen in Gang.

Um wirtschaftlich wirklich erfolgreich zu werden, müssen wir also ein elementares, seit jeher und für alle Zeiten gültiges Naturgesetz beachten: *Alles steht energetisch in Austausch miteinander.* Um Energie (Rückfluß) zu bekommen, müssen wir unsererseits Energie (Hinfluß) geben. Dadurch setzen wir einen energetischen Kreislauf in Gang, in den wir immer wieder unsere Werte einspeisen, um die investierten Energien in umgewandelter Form zurückzubekommen. Wer jedoch seine Energien zurückhält, willentlich oder weil er sie nicht freizusetzen vermag, zu dem kann auch keine Energie zurückfließen.

Wenn wir unsere finanziellen Umstände nachhaltig verbessern wollen, müssen wir folglich

- unser Selbstwertgefühl aufbauen, uns also bewußtmachen, über welche Werte wir verfügen,
- unser Fremdwertgefühl entwickeln, also herausfinden, welchen Wert wir für andere Menschen besitzen,
- andere Menschen achtungsvoll und gründlich beobachten, um zu erkennen, was sie wirklich brauchen und welches ihrer Bedürfnisse wir kraft unserer persönlichen Werte erfüllen können.

Wer diese drei Punkte wirklich beherrscht, der ist seinerseits vollkommen zu Geld geworden. Und ganz zu Geld werden bedeutet, in ständigem Austausch mit seiner Umwelt, wahrhaft reich und jederzeit – finanziell wie energetisch – liquide zu sein.

Was ist der Unterschied zwischen Selbstbewußtsein, Selbstwert und Fremdwert?

Ein einfaches Beispiel: Stellen wir uns einen bildenden Künstler vor.
Verfügt er über *Selbstbewußtsein* – Bewußtsein seiner selbst –, so kann er sich etwa mit diesen Worten präsentieren: «Ich habe ein tolles Formempfinden, ich kann Formen, Farben und Strukturen in unvergleichlicher Weise darstellen.»
Besitzt er überdies *Selbstwertgefühl*, so würde er hinzufügen: «Und die Objekte, die ich erschaffe, haben die und die Wirkung, erzeugen die und die Spannung – es sind wirklich gute Kunstwerke.» Vielleicht sagt er aber außerdem: «Das alles kann allerdings niemand außer mir empfinden und verstehen: Ich bin ein Genie und meiner Zeit weit voraus.»
In diesem Fall kann man ihm nur wünschen, nicht vom Verkauf seiner Kunstwerke leben zu müssen und möglichst auf keine Bestätigung angewiesen zu sein. Denn obwohl sein Selbstbewußtsein entwickelt und auch sein Selbstwertgefühl durchaus nicht verkümmert ist, mangelt es ihm gänzlich an Fremdwertgefühl: Offenkundig weiß er nicht (und will nicht einmal wissen), welchen Wert seine Arbeit für andere hat. Von diesem Fremdwertgefühl aber hängt letztlich jeder Rückfluß ab.

Die eigene Wirklichkeit kontrollieren

Betrachten wir die Geldthematik nochmals in einem etwas weiteren Rahmen. Jeder Mensch, der geboren wird, bringt eine Lebensabsicht mit, die aus zwei Aspekten besteht. Zum einen ist jeder von uns hier auf der Erde, um die Wirklichkeit auf seine ganz individuelle Weise zu erleben, indem er einen bestimmten Stil lebt, also nicht irgendwie wohnt, sich kleidet und irgendeine Tätigkeit ausübt, sondern indem er all das auf eine ganz bestimmte, seiner Individualität entsprechende Weise tut. Wir suchen nach unserer persönlichen Art, durch das Leben zu gehen, um es auf unsere Weise zu erleben. Und wir suchen unseren Lebensstil. Können wir diesen leben, fühlen wir uns gut; wenn nicht, können wir nicht wirklich genießen und leiden ständig an mangelnder Energie.

Der zweite Teil der Lebensabsicht, die jeder Mensch sucht, kann als Erkenntnis- oder Lernaufgabe verstanden werden: Er will etwas Bestimmtes über diese Welt begreifen, etwas lernen, größere Zusammenhänge erkennen. Er sucht ein Lern- oder Erkenntnisziel, das er bis zu seinem Lebensende gefunden haben möchte. Wenn wir ohne ein Ziel leben – und Ziele können sich von Mensch zu Mensch stark unterscheiden, eben passend zu unserer Persönlichkeit –, dann empfinden wir unser Leben als leer, hohl und sinnlos, selbst dann, wenn wir unseren Lebensstil halbwegs gefunden haben und unser Leben angenehm gestalten. Beispielsweise könnte es ein Lebensziel sein, die Entwicklung menschlichen Bewußtseins zu beobachten und zu begreifen, indem man viele Kinder bei ihrer Entfaltung erlebt, mit all ihren Problemen und all ihrer Begeisterung. Ob ich aber viele Kinder mit einer Frau oder mit vielen Frauen, verteilt an verschiedenen Orten, habe, ob ich regelmäßig und intensiv Zeit oder nur wenig Zeit mit ihnen verbringe, all das ist eine Frage des Stils.

Diese beiden Aspekte der Lebensabsicht – der Lebensstil auf der einen, die Lernaufgabe oder das Lebensziel auf der anderen Seite – bilden gemeinsam die Grundlage dafür, daß wir überhaupt etwas über diese Wirklichkeit begreifen, über ihre geistigen Gesetzmäßigkeiten und ihre Entstehung, und daß wir Zugang finden zu den gestaltenden Energien unserer Persönlichkeit. Zu den wichtigsten Einsichten, die man in diesem Lernprozeß gewinnen kann, gehört nach meiner Überzeugung, daß wir durch die Energien, die wir in uns bewegen, *die Wirklichkeit unter Kontrolle bringen können.* Hierfür jedoch müssen wir unsere geistigen Energien unter Kontrolle haben. Konkret bedeutet das etwa, ich bin nicht mein Gefühl, sondern ich kann Gefühle an mich binden, wieder loslassen und beliebig verändern. Ich bin auch nicht meine Gedanken, sondern kann Gedanken erzeugen, prägen und wieder verwerfen; sie sind kein Teil von mir. Solange wir aber annehmen, unsere Gedanken und Gefühle seien Teile unserer Persönlichkeit, sind wir an sie gebunden und nicht frei, uns ihrer zu entledigen, sie durch andere Gedanken und Gefühle zu ersetzen. Und damit haben wir auch keine Kontrolle über unsere Wirklichkeit.

Zu unserer Aufgabe, das Leben zu begreifen und Kontrolle über unsere Energie und unsere Wirklichkeit zu erringen, gehört natürlich auch, uns mit der Energie des Geldes auseinanderzusetzen. Man kann sogar sagen, daß hauptsächlich das Geldproblem viele Menschen zu der Überlegung bringt, nach welchen Gesetzen die Wirklichkeit funktioniert. Den Umgang mit Geld üben wir also in einem wesentlichen Lern- und Lebensprozeß ein, bei dem die Gesetze des Erfolges und des Lebens, der Geld- und der Wirklichkeitskontrolle zugleich auf dem Programm stehen.

Es ist nur eine geringfügige Übertreibung, wenn ich behaupte: Wer nicht begreift, woran es liegt, ob er Geld hat oder nicht, der hat von dieser Wirklichkeit überhaupt nichts begriffen. Wenn er auf diese Frage keine Antwort weiß, dann hat er ebensowenig verstanden, warum er sich immer mit dem falschen Partner zusammentut oder immer die falschen Freunde findet: Unsere Energien gestalten in allen Lebensbereichen unsere Wirklichkeit.

Die sieben goldenen Regeln energetischer Harmonie

Das Naturgesetz des energetischen Austauschs verleiht uns die Möglichkeit, in energetischer Harmonie mit uns selbst, unserer Umwelt und unseren Mitmenschen zu leben. Nach meiner Erfahrung, die sich in meiner langjährigen Praxis ständig bestätigt, kann man diesen idealen Zustand energetischer Harmonie am sichersten erreichen, wenn man sieben goldene Regeln beachtet, die ich auf den folgenden Seiten erläutern werde.

1. Regel: In dieser Wirklichkeit sind alle Energien im Fluß, tauschen sich miteinander aus, beeinflussen und stimulieren einander.

Alles, was existiert, wirkt auf sein Umfeld ein. Jede Farbe hat eine bestimmte Wirkung, jedes Material, jeder Klang oder Rhythmus, jede Raumstruktur, aber auch jede Idee, jedes (Gedanken-)Bild und jedes Wort. Denken Sie nur an die magische Kraft der Namen, von denen schon der Volksmund alter Zeiten sagt: «Ein Name prägt den Menschen, der ihn trägt.» Wenn sich uns jemand mit seinem Namen vorstellt, haben wir dann nicht meist sofort ein Gefühl dafür, ob dieser Name paßt? Unterstellen wir zum Beispiel, daß eine Frau namens Grete abenteuerlustig durchs Leben geht, unberechenbar und voller Ideen – oder vermuten wir eher, daß sie sich lieb und zuverlässig um Haushalt und Familie kümmert?

Fühlen wir andererseits nicht, daß wir uns in farbigen und gemusterten Kleidern leichter und fröhlicher bewegen, spontaner und mit mehr Gefühl unser Leben angehen und andere Menschen entsprechend offener auf uns zukommen – während wir in dunkelblauer, eleganter Kleidung uns in unseren Gefühlen mehr zurückhalten, eine Tendenz zu mehr Sachlichkeit und Seriosität entwickeln, so daß uns die Menschen entsprechend distanzierter begegnen?

Ist es nicht so, daß wir uns in einem dunklen, kleinen Zimmer oft schwerer fühlen als in einem großen, hellen, lichtdurchfluteten Raum? Kann uns nicht die eine Musik romantisch und melancholisch stimmen, die andere Melodie aber dynamisch und leicht?

Alles, was um uns herum existiert, aber auch alle Energien – Gedanken, Gefühle und Bilder –, die wir in uns pflegen, sind Kräfte, die aufeinander wirken und insgesamt unsere innere und äußere Wirklichkeit bewirken. Sie alle haben einerseits einen Inhalt, eine Information oder Absicht, andererseits besitzen sie Intensität und Kraft, um sich zu verwirklichen.

Da alle diese unzähligen Energien überall gleichzeitig vorhanden sind und unablässig aufeinander einwirken, kommt in unserem täglichen Leben keine von ihnen in Reinform vor. Überall, wo solche Wirkungskräfte sich kreuzen, entstehen Mischenergien, die sich auf verschiedene Weise manifestieren oder materialisieren. Entsprechend können wir alles, was wir in dieser Wirklichkeit erleben, als Kreuzungspunkte verschiedener Energien auffassen, die sich nur deshalb manifestieren konnten, weil sie sich miteinander vermischt haben.

Auch diese energetische Gesetzmäßigkeit läßt sich direkt auf unsere Geldthematik beziehen: Unsere Wirklichkeit ist der Zusammenfluß aller Wirkungskräfte. Wenn wir möchten, daß eine Wirkungskraft in Form von Geld auf uns zufließt, müssen wir vorher eine Wirkungskraft aussenden, die diese Reaktion hervorrufen kann. Mit anderen Worten: Wir müssen den Rückfluß bewirken, Wirkungskräfte bewußt einsetzen, damit das erfolgen kann, was wir erfolgen lassen wollen, denn das ist letztlich – Erfolg.

2. Regel: Die Energien, die ich aussende, beeinflussen mein Umfeld, fließen auf mich zurück und prägen mich und meine Wirklichkeit.

Energie ist nicht gleich Energie: Auch auf Qualität und Intensität kommt es an. Wer eine gute Idee hat, aber wenig Energien hineinsteckt, um sie auszugestalten, zu propagieren, andere Menschen mitzureißen, der wird ebensowenig Rückfluß bewirken. Aber auch das Gegenteil trifft zu: Steckt man große Energiemengen in eine unklare oder wenig originelle Idee hinein, so wird der Energierückfluß wiederum dürftig sein.

Anders gesagt: Nur wenn Energiequalität und -intensität in dieselbe Richtung zielen, löst man auch den entsprechenden Rückfluß aus. Schicke ich etwas Kostbares mit viel Energie in die Welt hinaus, so werde ich auch etwas Kostbares voller Energie zurückbekommen.

3. Regel: Mein Selbstausdruck führt die Energien zu mir, mit denen ich mich ausdrücke.

Unter «Selbstausdruck» verstehe ich den Ausdruck meines Selbst. Das beginnt bei der bewußten Wahl von Kleidung – Farben, Schnitten, Stoffen – und umfaßt den sprachlichen und künstlerischen Ausdruck, natürlich Berufswahl und Beschäftigung in der Freizeit, die Gestaltung des direkten Umfeldes, auch die bewußte Auswahl der Menschen, mit denen man seine Zeit verbringt, und vieles andere mehr. Da die meisten Menschen jedoch ihr Selbst nicht kennen, vermögen sie es auch nicht auszudrücken. Statt dessen leben sie ein Schein- und Schattenselbst, das ihre Biographie oder die Lehrsätze der Eltern ausdrückt oder auf Erwartungen reagiert, die ihr Umfeld an sie richtet.

Hierzu ein aussagekräftiges Beispiel aus meiner Praxis: Eines Tages suchte mich ein Mann auf und klagte: «Ich finde einfach keine Frau, die zu mir paßt.» Wie denn die ihm entsprechende Freundin aussehen müsse, fragte ich darauf. «Niedlich, zart, ein bißchen naiv», sagte er, «eine Frau, die an meiner Seite steht, sich ums Haus kümmert, so ein Familientyp eben, mit Sinn für Kultur und klassische Musik.» «Tatsächlich?», erwiderte ich. Ob er sich schon mal überlegt habe, daß sich eine Frau, wie er sie eben beschrieben habe, von seinem Äußeren schlechterdings nicht angezogen fühlen könne? Ob ihm nicht klar sei, daß er eher Frauentypen anziehe, die zu seinem Äußeren passen, aber nicht zu seinen Sehnsüchten, die in seinem Äußeren nicht zu erkennen seien? Tief erstaunt sah der Mann an sich herunter: Lässig lag er vor mir im Sessel, mit offenem weißen Hemd, Goldkette, schwarzer Lederhose und Cowboystiefeln. Vor der Tür hatte er sein schwarzes Cabrio so geparkt, daß niemand die extra breiten Reifen übersehen konnte. Offensichtlich war ihm folgender Punkt aber nicht bewußt: Wie so viele Menschen drückte auch dieser Mann nicht sein Selbst aus, sondern ein Image, eine Vision seiner selbst, die er für gut und erfolgversprechend hielt, die allerdings nicht von ihm selbst kam, sondern irgendeiner modischen Richtung entstammte.

Selbstausdruck setzt Selbstbewußtsein voraus. Ehe ich mich selbst ausdrücken kann, muß ich erst einmal wissen, wer ich bin und wie ich sein will. Und wenn es mir gelungen ist, mir meiner selbst bewußt zu werden, meine wirklichen Werte zu erkennen und dieses Selbst so klar wie möglich auszudrücken, dann steigt damit zwangsläufig auch mein Fremd- oder Marktwert. Denn dann bin ich in meinem Wert erkennbar und individuell. In einer Welt von Schein- und Schattenselbst sind Menschen, die ihr wahres Selbst kennen, ausdrücken und leben können, nahezu konkurrenzlos. Bewußt oder unbewußt sind alle fasziniert von ihnen, da sie die geheime Sehnsucht aller Menschen als lebendiges Vorbild verkörpern: Wir alle wollen unser wahres Selbst entdecken und deutlich und kraftvoll zum Ausdruck bringen.

4. Regel: Meine innere Freiheit und Unabhängigkeit bringen äußere Freiheit und Unabhängigkeit.

Viele Menschen glauben, wenn sie nur Geld hätten, wären sie frei. Nach meiner Überzeugung aber kommt es vor allem anderen auf die innere Freiheit an: Wer in seinen Ideen, Gedanken und Visionen wirklich frei ist, der wirkt wie ein Magnet, der auch die äußere Freiheit anziehen kann. Wer dagegen in innerer Unfreiheit lebt, mit beengenden Ideen, kleinmütigen Gedanken und Gefühlen, der macht es auch der äußeren Freiheit denkbar schwer, zu ihm durchzudringen. Denn das Außen ist der Spiegel unserer Innenwelt.

Individualität und freier persönlicher Ausdruck sind keine Frage des Geldes. Wie viele Leute sind steinreich, aber in ihren von Innenarchitekten steril eingerichteten Häusern sitzen sie wie auf einer Bühne, die in jedem Requisit ihre Abhängigkeit von Moden und Konventionen spiegelt. Andere Menschen dagegen verwandeln mit sehr wenig Geld und viel Phantasie die bescheidenste Wohnung in eine magische Stätte, wo jedes Detail ihre innere Freiheit und unverwechselbare Persönlichkeit ausdrückt. Wer aber sein Selbst so lebendig und einzigartig auszudrücken vermag, der wird über kurz oder lang auch äußere Unabhängigkeit erlangen: Innere Freiheit zieht die äußere an.

5. Regel: Geben und Nehmen stehen im Gleichgewicht.
Dieser Satz gilt in allen Lebensbereichen: im Beruf, in Gelddingen, in der Partnerschaft. Nehmen wir als Beispiel einen Angestellten, der glaubt, unabhängig von seiner konkreten Arbeitsleistung ein Recht auf sein hohes Gehalt zu haben – weil das ja schließlich so im Vertrag steht oder weil er eine jahrelange Ausbildung vorweisen kann. Der Betreffende muß sich nicht wundern, wenn er bald schon auf die Nase fällt: Er selbst hat das Gleichgewicht von Geben und Nehmen gestört. Aber auch hier gilt ebenso die Umkehrung: Wer sich als Angestellter abrackert, ohne die ihm gemäße Vergütung zu verlangen, der dreht sich selbst allmählich den (Energie-) Hahn zu. Wenn dagegen Geben und Nehmen fließen, wenn gleich große Ströme Energie aus mir hinaus- und zu mir zurückströmen, dann ist die vollkommene energetische Harmonie erreicht und mein Leben und mein Erfolg entwickeln sich wie von selbst.

6. Regel: Energien sind im Überfluß und in jeder Form vorhanden. Ich kann mich mit ihnen austauschen, sie anziehen und durch mich hindurchfließen lassen, wenn ich entsprechende Impulse setze, ähnliche Energien in mir trage und aussende.
Hierbei geht es um das Prinzip der Entsprechung: In unserem Umfeld sind Energien aller Art, Qualität und Intensität vorhanden, aber anziehen können wir nur diejenigen Energieformen, deren Entsprechungen wir in uns tragen. Selbst der stärkste Magnet kann nur Metalle anziehen, kein Wasser oder Holz. Wenn wir also möchten, daß andere Menschen

uns großzügig behandeln, dann müssen wir als erstes lernen, unsererseits großzügig zu anderen zu sein. Bin ich tolerant, so verzeihen mir auch andere Menschen eher; möchte ich beachtet werden, so muß ich mich auch meinerseits für andere Menschen interessieren, und so fort. Alles, was wir haben möchten, ist in unserer Umgebung vorhanden; aber nur die Dinge, zu denen wir die Idee in uns tragen, gelangen auch tatsächlich zu uns.

Auch hierzu ein Beispiel: Da war ein Musiker, der suchte Räumlichkeiten für eine neue Musikschule. Das sollten große Räume sein, sechs Zimmer, mit viel Tageslicht, hohen Decken; allerdings war er nicht so reich, daß er normalerweise ein solches Haus hätte bezahlen können. Trotzdem war er kein kleinlicher Mensch, im Gegenteil: Wenn irgend möglich, lieh er seinen Freunden Geld, vergaß die Sache meistens gleich und war dann froh erstaunt, wenn er das Geliehene eines Tages zurückbekam. Genauso hielt er es mit den Trinkgeldern; kurz und gut: Er war genau der richtige Mann, um großzügige Räumlichkeiten für seine Musikschule anzuziehen, auch wenn er sich die eigentlich gar nicht leisten konnte. Tatsächlich bekam er eine regelrechte Villa für einen erstaunlich geringen Betrag, und seine Musikschule hatte vom Start weg großen Zulauf. – Nach meiner Überzeugung hätte ein anderer Musiker als er, ein kleinlicher, geiziger, ängstlicher Mensch, dieselben Räumlichkeiten niemals bekommen; er hätte vielleicht auch von einer solchen lichtdurchfluteten Villa geträumt, aber am Ende wäre er doch in einem engen, düsteren Domizil gelandet. Warum? Weil der eine die Idee des Großzügigen, Weiten, nicht Bedrängenden in sich trug, der andere eher das Gegenteil. Man kann nur das anziehen und behalten, was man ausstrahlt.

Es kommt darauf an, wie man mit der Wirklichkeit umgeht, wie man sie wahrnimmt, denn auf diese Weise ziehen wir in unser nahes Umfeld hinein, was zu unserer Wahrnehmungsweise paßt. Wer ständig Angst hat, bestohlen und betrogen zu werden, braucht sich nicht zu wundern, wenn er deutlich öfter als andere tatsächlich zum Opfer von Dieben und Gaunern wird. Wer sich selbst als Pechvogel sieht, wird mit hoher Wahrscheinlichkeit beispielsweise ein gebrauchtes Auto kaufen, das an der nächsten Kreuzung auseinanderfällt, oder für den Urlaub ein Hotelzimmer neben der Großbaustelle buchen. Habe ich dagegen ein gutes Selbstwertgefühl und ein hohes Selbstbewußtsein, dann kaufe ich einen spottbilligen Gebrauchtwagen, der sich als tadellos gepflegter Oldtimer erweist, und buche im Reisebüro zum Schleuderpreis einen Traumurlaub ohne Schattenseiten. Wie erklärt sich das? Nicht mit Glück, Schicksal oder Zufall, sondern mit dem energetischen Resonanzprinzip: Die Energien, die ich in mir trage, meine Einstellung zu mir und meiner Umwelt ziehen auch die Dinge, Menschen und Umstände an, die zu mir passen.

Oftmals tragen wir aus unserer Vergangenheit weniger günstige Energien in uns, doch glücklicherweise können wir die uns innewohnenden Energien und Einstellungen immer so umwandeln, daß sie unserem Selbst besser entsprechen. Diese Veränderungen können durchaus im kleinen, alltäglichen Bereich beginnen. Wenn beispielsweise jemand, der in finanziell dürftigen Verhältnissen lebt, auf einmal merkt, daß er zu Geiz und Kleinlichkeit neigt, und nicht mehr so sein will, kann er sich das ganz bewußt abtrainieren, indem er Großzügigkeit sucht. Wenn er einem Kellner zum ersten Mal fünf Mark Trinkgeld gibt, kann er danach vielleicht die ganze Nacht nicht schlafen: So viel Trinkgeld hat er noch nie gegeben, und solche Summen zu verschenken, flüstern die inneren Stimmen, kann er sich auch gar nicht leisten. Wenn er aber trotzdem so weitermacht, beim nächsten Mal seine

Freunde einlädt und weitere Akte der Großzügigkeit ausführt, dann wird er mit der Zeit merken, wie sich seine verkrampfte Kleinlichkeit lockert. Anstatt andauernd pleite zu sein, weil er das Geld jetzt viel bedenkenloser ausgibt, erlebt er auf einmal von allen Seiten einen Rückfluß: Auch die anderen behandeln ihn großzügiger; er lernt Menschen kennen, die seine verborgenen Werte schätzen und fördern; sein Ideenreichtum, seine innere Freiheit und Phantasie wachsen mit. Über kurz oder lang wird dieser Mensch auch seine materielle Enge, seine dürftigen finanziellen Umstände überwunden haben: Nach dem Resonanzprinzip zieht er ab einem gewissen Punkt der Umwandlung seiner inneren Energien und Einstellungen nur noch solche Menschen und Umstände an, die ihn fördern und seinen Horizont erweitern. Vorher war es genau umgekehrt: Da schien ihn alles und jeder zu drücken und zu beengen.

Allerdings möchte ich nicht verschweigen, daß man schon etwas mehr als nur seine Trinkgeldgewohnheiten ändern muß, um eine solche radikale Umwandlung des eigenen Bewußtseins und Lebens herbeizuführen. Welche Änderungen im einzelnen hierbei erforderlich sind, werde ich später noch erläutern.

7. Regel: Was ich in mir trage und zu geben bereit bin, bekomme ich von außen.

Dieser Satz mag zunächst rätselhaft klingen, aber wenn wir uns das Prinzip des energetischen Austauschs vergegenwärtigen, wird das gemeinte Gesetz hinlänglich klar: Wenn ich weiß, wer ich bin und was ich zu geben habe, und wenn ich bereit bin, diese Werte auch wirklich zu geben, weil ich will, daß es anderen Menschen gutgeht, dann werden die Menschen auch bemerken, was ich brauche, und bereit sein, es mir zu geben. Bevor ich jedoch den anderen Menschen etwas geben kann, muß ich wissen, was ich selbst zu geben habe, worin die Werte bestehen, die ich auf dem Markt anbieten kann.

Übrigens ist das der eigentliche Grund für die Schüchternheit mancher Menschen: Sie wissen nicht, was sie anderen zu geben haben. Um Menschen von ihrer Schüchternheit zu befreien, genügt es daher nicht, ihnen forschere Verhaltensweisen anzutrainieren. Vielmehr muß man ihnen helfen, ihr Selbstbewußtsein aufzubauen, Selbst- und Fremdwertgefühl zu entwickeln: Erst wenn jemand herausgefunden hat, daß und warum er für viele Menschen beispielsweise ein interessanter Gesprächspartner ist, kann er anfangen, mit therapeutischer Hilfe seine Schüchternheit zu überwinden. Denn auf einmal erkennt dieser Schüchterne, daß ja auch die anderen etwas davon haben, wenn sie sich mit ihm abgeben – wie sollte er da noch schüchtern sein?

Nicht sehr viel besser als die Schüchternen sind die grauen Leute dran, die Schatten- und Massenmenschen, die kein Selbstwertgefühl haben, nicht wissen, was sie anderen bieten könnten, und diesen Wert daher auch nicht ausstrahlen. Was man nicht ausstrahlt, kann man auch nicht anziehen. Die Betreffenden setzen keinen energetischen Kreislauf in Gang, provozieren also auch keinen Rückfluß. Folglich gehen sie leer aus.

Wer sich dagegen seiner Werte bewußt ist und dieses Wissen und den Wunsch, anderen zu geben und zu helfen, auch ausstrahlt, der wird einen angemessenen Rückfluß bekommen – entsprechend der Intensität und Qualität der ausgesandten Energien.

In diesem Zusammenhang möchte ich eine Übung vorschlagen, die Ihnen helfen kann, Zugang zu den inneren Quellen

Ihrer Kraft zu finden, damit Sie stärker werden im Vertrauen zu sich selbst, leichter Kontakt herstellen zu Ihren Fähigkeiten und sich freier und selbstverständlicher zum Ausdruck bringen können.

Übung: Leitgedanken

Mit dieser Übung können Sie sich sanft auf den nächtlichen Schlaf vorbereiten und am Morgen auf den Tag einstimmen. Sie hilft Ihnen, Ihre inneren Kräfte wahrzunehmen, und fördert Ihre Bereitschaft, diese Kräfte für eine bewußte Lebensgestaltung zu nutzen.

Leitgedanken am Abend

Der abendliche Teil der Übung sorgt dafür, daß sich in der Nacht Ihre Gedanken und Gefühle klären und Sie bereit sind für Antworten auf Fragen und Lösungen für Probleme, zu denen Sie im Wachzustand keinen Zugang finden konnten. Das Tor zu den Quellen Ihrer inneren Kraft und Weisheit soll sich weiter und weiter öffnen und Ihnen helfen, den nächsten Tag sinnvoll und erfolgreich zu gestalten.

Vorbereitung: Nutzen Sie den natürlichen Zustand tiefer Entspannung kurz vor dem Einschlafen. Bewegen Sie die folgenden Ideen und Energien in Ihrem Innern, indem Sie sie denken, fühlen und ganzheitlich wahrnehmen.

Die Energiesätze

- *Ich werde leicht und frei sein. Ich lasse mich leicht und frei in den Schlaf treiben.*
- *Ich lasse los und habe Vertrauen in die großen Kräfte meines gesamten Selbst.*
- *Ich lasse zu, daß mein größeres Selbst, meine Seele*[2]*, die frei ist*

2 Das «kleine Selbst» kommt mit unserer physischen Geburt auf die Welt und vergeht mit unserem körperlichen Tod. Das «große Selbst» ist unsterblich und nicht an Raum und Zeit unserer irdischen Welt gebunden.

von Raum und Zeit, alles für mich löst und neu ordnet, so wie es gut für mich ist.

- *Ich schlafe ein und habe Vertrauen zu den tiefen Schichten meiner Seele.*

Mit diesen Sätzen schlafen Sie nun ein in dem Vertrauen, daß sich Ihr Unterbewußtsein in der Nacht damit auseinandersetzen und versuchen wird, sie zu verwirklichen.

Ergänzendes Hilfsmittel: Zur Unterstützung empfehle ich die CD «Leitgedanken am Abend» (s. Anhang), die Sie sanft in den Übergangszustand zwischen Wachen und Schlafen hineinführt und die Leitgedanken in Ihrem unterbewußten See zu verankern hilft, auch wenn Sie währenddessen bereits schlafen.

Leitgedanken am Morgen

Am nächsten Morgen, wenn Sie erwachen, erinnern Sie sich an die Ideen aus der abendlichen Übung. Noch ehe Sie ganz wach sind, stimmen Sie sich mit den folgenden Leitgedanken auf den beginnenden Tag ein.

Die Energiesätze

- *Über Nacht hat sich alles geordnet, in mir und um mich herum.*
- *Ich habe Kontakt mit den tieferen Schichten meines Selbst aufgenommen. Die Energien meines größeren Selbst stehen mir für den heutigen Tag zur Verfügung.*
- *Ich bin wachsam, empfinde und fühle, was mein größeres Selbst mir sagen will.*
- *Ich gehe voller Vertrauen zu meiner inneren Führung in diesen Tag. Ich drücke all das aus und tue das, was gut für mich ist.*

Indem Sie über diesen Gedanken vollends erwachen, bereiten Sie sich auf den Tag vor. Nun sind Sie eingestimmt, Ihre Energien sind eindeutig ausgerichtet, und Sie haben sich entschieden, nur die Menschen, Umstände und Dinge anzuziehen, die zu Ihrem erfolgreichen Selbstausdruck passen.

Ergänzendes Hilfsmittel: Unterstützend rate ich die CD «Leitgedanken am Morgen» (s. Anhang) einzusetzen, die Sie sanft durch den Übergangszustand zwischen Schlafen und Wachen führt.

Wirkung: Wenn Sie diese Übung täglich morgens und abends durchführen, wird sie sich sehr wohltuend und energetisierend auswirken.

3. Stufe

Falsches Geldbewußtsein: Die hypnotischen Glaubenssätze finden und aussprechen

Warum wird der eine bei Beförderungen übergangen, der andere mit Lob überhäuft? Warum gehen die Leute an dem einen Geschäft vorbei, während sie den Nachbarladen förmlich stürmen? Um unsere eigene Ausstrahlung zu erkennen, müssen wir der Hypnose – unseren tiefen inneren Einstellungen – auf die Spur kommen, die uns und unser Leben bisher geprägt hat. Damit wir diese hypnotischen Muster deaktivieren und unseren unterbewußten See neu gestalten können, müssen wir sie in einem ersten Schritt identifizieren und formulieren.

In diesem Kapitel habe ich deshalb für Sie umfangreiche Fragebögen zusammengestellt. Die ausführlich erläuterten Fragen haben sich in der Praxis oftmals bewährt. Mit ihrer Hilfe können wir unsere falschen Glaubenssätze in Sachen Geld aufdecken und benennen – eine wichtige Voraussetzung, damit man ihnen in einem weiteren Schritt günstigere Glaubenssätze von überlegener energetischer Intensität entgegensetzen kann.

Wichtig ist, daß wir die Fragen spontan und aus dem Bauch heraus beantworten, nicht nach langem Grübeln und Kalkulieren. Wem es schwerfällt, spontan zu reagieren, der kann jede Frage auf ein gesondertes Blatt schreiben und jeden Abend eines dieser Blätter auf seinen Nachttisch legen. Wenn man dann morgens aufsteht, fällt der Blick, ehe man richtig wach ist, auf das Blatt mit der Frage, und die Antwort, die einem aus dem Schlaf heraus in den Sinn kommt, entspricht am ehesten den inneren Glaubenssätzen, die normalerweise für unser Wachbewußtsein unzugänglich sind.

Erster Fragebogen: Falsches und richtiges Geldbewußtsein

1. Was denke ich über Geld, was bedeutet es für mich? Mit dieser allgemein gehaltenen Einleitungsfrage knüpfen wir an die obigen Passagen zum falschen Geldbewußtsein an. Die meisten von uns tragen, wie gesagt, solche von Eltern und anderen Personen der frühen Kindheit ihnen eingeflößten Glaubenssätze in sich: «Geld stinkt», «Geld macht nicht glücklich» usw. Ebenso hinderlich für den eigenen wirtschaftlichen Erfolg sind Glaubenssätze der eher persönlichen Art, Sätze also, die eher um das betreffende Individuum als um das vermeintliche «Mysterium Geld» kreisen: «Ich finde es normal, daß andere Geld haben – aber ich selbst habe keines, das war schon immer so.» Oder: «Mir gibt ja keiner eine Chance.» Oder noch einfacher und niederdrückender: «Ich hab' halt kein Glück im Leben …»

Solche Glaubenssätze, die man in sich trägt, zu erkennen und benennen zu können, ist sehr wichtig, und zwar zunächst unabhängig davon, ob sie für den eigenen wirtschaftlichen Erfolg günstig oder ungünstig sind. Hierbei kommt es einzig und allein darauf an, den eigenen Gedanken und unterbewußten Einstellungen auf die Spur zu kommen, sie auszusprechen und anzusehen – nicht etwa, um ihre Herkunft zu erforschen und sie so energetisch nur weiter aufzupäppeln, sondern um herauszufinden, welche neuen, günstigeren Glaubenssätze wir dagegensetzen könnten, um unsere gesamte Energiequalität zu verändern.

2. Welche Probleme habe ich mit Geld und materiellen Dingen?

Diese Frage zielt auf speziellere Schwierigkeiten als die erste Frage. Wer beispielsweise nicht haushalten kann, also dauernd deutlich mehr ausgibt, als er an Einkünften erzielt, sollte dieses Problem hier notieren. Das gleiche gilt für unmotivierte Angst vor Dieben und Betrügern oder für übertriebene Sparsamkeit, wenn also jemand ständig von dem Gefühl gepeinigt wird, den Sparstrumpf auffüllen zu müssen, weil er sich sonst den Gewalten ausgeliefert glaubt. Weitere Geldprobleme dieser Art: Jemand befürchtet insgeheim, viel zuviel zu verdienen, mehr, als seiner Leistung entspricht, und lebt ständig in der Furcht, daß eines Tages seine beschämende Inkompetenz entlarvt wird; ein anderer argwöhnt, daß die Leute ihn nur mögen, solange er ein hohes Einkommen hat; ein dritter hortet jahrelang sein Geld und gibt es dann auf einen Schlag für irgend etwas aus, das er eigentlich gar nicht gebrauchen kann, und so fort.

Denken Sie bitte in Ruhe darüber nach, welche Probleme mit Geld und materiellen Dingen Sie möglicherweise haben. Dabei kann es durchaus sein, daß die Schwierigkeiten Ihnen beim Nachdenken zum ersten Mal bewußt werden. Aber schon indem wir sie uns bewußt machen und erstmals mit wachen Augen ansehen, verlieren sie – wie alle Gespenster – einen Teil ihrer Macht, auch wenn sie diese vielleicht seit Jahrzehnten über uns ausgeübt haben.

3. Welche Ängste verbinde ich mit Geld?

Ängste wie die folgenden sind weit verbreitet; es wäre ein Wunder, wenn nicht einige dieser Sorgen auch in Ihrem Unterbewußten nisten würden:

- Angst, im Alter kein Geld zu haben
- Angst vor der Inflation
- Angst, durch Verlust der Arbeitsstelle zu verarmen
- Angst, daß ein Geschäftspartner mit dem Firmenvermögen durchbrennt
- Angst, durch Scheidung alles zu verlieren …

Die Liste ließe sich beliebig verlängern. Bitte ergänzen Sie sie um Ihre Ängste, die Sie möglicherweise zum Thema Geld entwickelt haben.

4. Welche Bedeutung hat Geld für Menschen, die mir nahestehen?

Diese Frage wirkt zunächst verblüffend: Wieder geht es um das energetische Resonanzprinzip. Mit hoher Wahrscheinlichkeit haben die Leute in unserem Umfeld, Menschen also, die wir angezogen haben und/oder von denen wir uns anziehen ließen, eine sehr ähnliche Wahrnehmungs- und Lebensweise wie wir selbst. Da wir zu uns selbst nicht immer den nötigen Abstand haben, erkennen wir wichtige Aspekte der eigenen Person oftmals leichter, indem wir uns überlegen, welche Freunde und Bekannte wir haben und wie diese etwa mit finanziellen Fragen umgehen: Sind sie großzügig, haushälterisch, geizig? Die Chance ist groß, daß wir ihre Sicht- und Handlungsweise teilen, auch wenn uns das bis dahin nicht bewußt war.

Um sich selbst besser zu verstehen, lohnt es sich also oftmals, die Menschen aus dem eigenen Freundes- und Bekanntenkreis zu betrachten. Dabei sollte man nicht unbedingt einheitliche Ergebnisse erwarten. Im Gegenteil: Je vielfältiger, bunter unser Freundes- und Bekanntenkreis, desto facettenreicher ist auch unsere Persönlichkeit. Fertigen Sie eine Liste aller Personen an, die Sie nicht unbedingt häufig, aber einigermaßen regelmäßig sehen, und notieren Sie neben jedem Namen, was Ihnen zum «Geldcharakter» des oder der Betreffenden einfällt: «großzügig», «geizig», «sparsam», «verschwenderisch», «kleinlich», «stinkreich» …

5. Halte ich mich selbst für reich oder arm?

Beachten Sie bitte, daß es bei dieser Frage einzig und allein um finanziellen Reichtum und materielle Armut geht, also nicht etwa um inneren Reichtum an Kreativität und Talenten oder um esoterische Vorstellungen vom unerschöpflichen Reichtum aller Individuen, die alle an kosmische Energie- und Weisheitspools angeschlossen seien. Gemeint ist aber auch nicht objektiver Reichtum, also nicht die nackte Summe des Einkommens und Vermögens, sondern die subjektive Einschätzung: Steht Ihnen so viel Geld zur Verfügung, wie es Ihren Bedürfnissen entspricht? Oder würden Sie sagen: «Ich kann ganz ordentlich leben davon, aber üppig ist es nicht.»? Ein anderer könnte vielleicht antworten: «Im Moment bin ich eher auf der kargen Seite.»

Notieren Sie also bitte Ihre subjektive Einschätzung Ihrer derzeitigen wirtschaftlichen Lage. Wichtig ist wiederum nur, daß Sie ungeschönt aufschreiben, wie Sie die Situation sehen. Ob Ihre Beurteilung «wahr» oder «falsch» ist, spielt keine Rolle. Entscheidend ist aber, daß Sie sich zu einer klaren Aussage durchringen: Sind Sie mit Ihrer wirtschaftlichen Situation zufrieden – ja oder nein? Würden Sie sich mehr finanziellen Spielraum wünschen – ja oder nein?

6. Wieviel Geld paßt zu mir – mehr oder weniger, als ich derzeit habe?

Eine Frage, auf die fast jeder spontan antworten würde: «Oh, kein Problem, die eine oder andere Million paßt schon noch zu mir.» Aber wenn wir uns an das Naturgesetz des dynamischen Austauschs von Energien erinnern, stellen wir fest, daß es mit dem Wunschdenken allein wieder mal nicht getan ist. Normalerweise (Ausnahmen bestätigen die Regel) zieht jeder Mensch nur soviel Geld an, wie er sinnvoll umsetzen kann.

Hierzu ein Beispiel. An einem meiner Seminare nahm ein Mann teil, der ziemlich pleite war. Welches monatliche Einkommen er sich so für sich vorstelle, fragte ich ihn.

«Also, 50 000 im Monat, das muß schon sein», gab er zurück. Meinetwegen gern, antwortete ich, aber was er denn mit all dem Geld anfangen wolle?

«Ich würde mir einen Porsche leasen», meinte er.

«Okay», sagte ich, «das kostet vielleicht 3 000 im Monat – was noch?»

«Eine teure Wohnung mieten.»

«Gut so, macht wieder 3 000 – was noch?»

«Teuer essen gehen.»

«Klasse Idee. Sagen wir, 1 500 im Monat – was noch?»

«Äh, ja ... teure Kleidung kaufen.»

«Auch schön», lobte ich, «das kostet vielleicht noch mal einen Tausender im Monat – was noch?»

Der gute Mann geriet ins Grübeln. Mit Müh und Not kam er schließlich auf monatliche Kosten von 15 000 Mark, dann fiel ihm nichts mehr ein, wofür er Monat für Monat Geld ausgeben könnte.

«Aber was ist mit dem ganzen Rest», fragte ich ihn, «immerhin 35 000 Mark?»

«Na ja», schlug er, schon ziemlich kleinlaut geworden, vor, «man könnte ja was aufs Bankkonto tun ...»

Wozu aufs Bankkonto, hakte ich nach, zu welchem Zweck, mit welchem Ziel? Ob ihm etwas besonders Großes, Tolles, Teures vorschwebe, von dem er immer schon geträumt habe, das er unbedingt verwirklichen wolle, für das er riesige Energien einsetzen könne und wolle?

Diese Frage gab unserem Mann sehr zu denken. Dabei ist die Sache eigentlich ganz einfach: Nach dem Prinzip des Austausches benötigen wir, egal welche Summe wir als gewünschte Einkünfte nennen, einen entsprechenden Gegenwert. Wer sich großzügig 50 000 Mark monatlich zumißt, muß folglich beträchtliche Werte zum Ausgleich aufbieten, damit er einen Rückfluß in dieser Höhe erhält. Und nur wenn er diese Werte tatsächlich besitzt und sich ihrer bewußt ist, verfügt er auch über die erforderliche Energie und Motivationskraft. Wer dagegen selbst auf beharrliches Nachfragen nicht angeben kann, was er mit der genannten Wunschsumme überhaupt anfangen würde, der besitzt offenkundig nicht die nötige Motivation, um ein so großes Energierad in Schwung zu setzen – ganz zu schweigen von der Frage, ob er die notwendigen Werte, die er hierbei ins Spiel bringen müßte, besitzt und erkannt hat.

Wenn Sie sich einen besonders großen monatlichen Betrag zumessen, sollten Sie auch bereit sein, für dieses Einkommen beispielsweise Ihre feste Anstellung aufzugeben und sich selbständig zu machen, mit allen Freiheiten, aber auch dem Streß und den Gefahren, die mit einer Existenzgründung unweigerlich verbunden sind. Dafür benötigt man viel Motivation. Bedenken Sie also auch diese Seite der Energiebilanz, und stellen Sie sich bitte die unternehmerischen Risiken und Mühen möglichst lebhaft vor. Spüren Sie nun, daß Ihnen ein Einkommen von monatlich 20 000 oder 50 000 Mark doch nicht so wichtig ist? Dann sollten Sie Ihre Wunschsumme auf eine Größe reduzieren, die Ihrem potentiellen energetischen

Input angemessener ist und auch Ihren tatsächlichen Wünschen entspricht.

Nennen Sie als Antwort auf die obige Frage also bitte einen Betrag, den Sie wirklich in Ihr Leben integrieren können und für den Sie auch mutmaßlich die nötige Motivation aufbringen können. Messen Sie sich den Betrag in Ihrer Vorstellung an wie ein neues Kleidungsstück, um schließlich sagen zu können: «Diese Summe paßt zu mir.» Denn nur wenn es sich um eine angemessene Größe handelt, kann man auch die notwendige Motivation aufbringen, um tatsächlich seine Einstellung und sein Leben in die gewünschte Richtung zu verändern.

7. Was tue ich für mein Geld: Entspricht der Rückfluß meinem Einsatz?

Diese Frage soll Ihnen einen Anstoß geben, sich einmal selbstkritisch zu überlegen, welche Leistung Sie in Ihrem Beruf eigentlich erbringen: Entspricht Ihr energetischer Input dem finanziellen Rückfluß? Bekommt man mehr zurück, als man gegeben hat, ist das meistens kein Anlaß zu klammheimlicher Freude: Wer als Angestellter überbezahlt ist, gehört meist zu den ersten, die in einer Konjunkturkrise gefeuert werden. Aber auch wenn man weniger zurückerhält, als man an Leistung investiert hat, sollte man sich unbedingt um einen energetischen Ausgleich bemühen: Wer unterbezahlt ist, speichert in seinem Inneren Unzufriedenheit und Verbitterung auf, die immer mehr entsprechende Umstände anziehen und sich früher oder später etwa als Krankheit manifestieren können. Um jedoch einen angemessenen Rückfluß für unsere Leistung zu bekommen, müssen wir uns unserer Werte zunächst einmal bewußt werden und überdies lernen, sie besser darzustellen.

Dieses Prinzip des energetischen Ausgleichs ist im übrigen

keineswegs nur auf finanziellem Gebiet gültig. Wann immer wir einem anderen Menschen etwas geben, möchten wir – bewußt oder nicht – hierfür einen Gegenwert bekommen. Sehr oft handelt es sich bei diesem Gegenwert nicht um Geld, sondern um immaterielle Werte. Schenken wir jemandem beispielsweise einen Strauß Blumen, so erwarten wir zwar scheinbar keinen Gegenwert dafür. Wirft der Beschenkte aber die Blumen vor unseren Augen in den Papierkorb, dann wird auf drastische Weise deutlich, daß wir durchaus einen – in diesem Fall immateriellen – Rückfluß erwartet haben: Freude, ein Lächeln, irgendein Zeichen der Dankbarkeit.

Ähnlich kann man nicht selten in langjährigen Beziehungen beobachten, wie einer der beiden Partner scheinbar aus heiterem Himmel krank wird. Meist zeigt sich dann, daß der Erkrankte viele Jahre lang Energie in die Beziehung oder seinen Partner investiert hat, in der unausgesprochenen oder sogar unbewußten Hoffnung, irgend etwas als Ausgleich für seine Liebe, Ermutigung, ständige Verfügbarkeit zurückzubekommen. Wenn aber ein bestimmter Punkt überschritten und der energetische Rückfluß ausgeblieben ist, dann bricht der Betreffende unweigerlich zusammen: Seine Energiereserven sind aufgebraucht; der Partner hat ihn buchstäblich ausgesaugt wie ein Vampir – vielleicht nicht bewußt, aber das ändert dann an dem energetischen Ungleichgewicht auch nichts mehr.

8. Glaube ich, daß ich immer Geld zur Verfügung haben werde, so wie ich es möchte und brauche?

Auch bei dieser Frage geht es nicht um kluge Berechnungen und schlaue Begründungen, sondern um unsere innere Einstellung, der wir auf die Schliche zu kommen versuchen. Wenn Sie also auf diese Frage hin spontan denken: «Na klar, ich bin so clever, daß es mir nie an Geld fehlen wird», dann bedarf Ihre Antwort keiner weiteren Begründung.

Wer dagegen als Antwort eine Reihe sogenannter Sicherheiten aufführt – Rente, Bankkonto, Immobilien –, der beschwört unweigerlich eine Angst mit herauf, die sonst tief im Unterbewußtsein nistet. «Was aber», flüstert diese Angst, «wenn die Inflation mein Geld auffrißt, der Staat meine Rente wegsteuert und ich durch diese oder jene Widrigkeiten mein Haus verliere?» Sicherheiten, die man irgendwo in der Außenwelt besitzt, sind niemals wirklich sicher, das weiß im Grunde jeder, nur verdrängt man normalerweise diese Einsicht tief hinein ins Unterbewußtsein. Dort aber existiert sie als dumpfe Angst weiter und wächst sogar langsam, selbst dann, wenn die äußeren Sicherheiten zuzunehmen scheinen.

Auf dem Weg zum richtigen, erfolgverheißenden Geldbewußtsein sind wir daher sehr viel eher, wenn wir spontan, rein gefühlsmäßig und ohne Begründung antworten können: «Geld werde ich immer haben.» Wer jedoch in seinem Inneren diese Antwort (noch) nicht findet, sollte dies keinesfalls beschönigen: Die Fragen dienen ja gerade dazu, den falschen Glaubenssätzen, den hinderlichen, beengenden Einstellungen auf die Spur zu kommen, damit wir sie durch befreiende Einstellungen und beflügelnde Inhalte ersetzen können.

9. Wie gingen meine Eltern mit Geld um, und wie bin ich bis heute mit Geld umgegangen?

Wie bereits im einführenden Kapitel erläutert, ist jeder von uns in der frühesten Kindheit durch seine nächsten Bezugspersonen – normalerweise also durch Mutter und Vater – entscheidend geprägt worden. Das betrifft natürlich auch unsere inneren Einstellungen in finanziellen Fragen. Diese Prägung durch die Eltern kann positiv oder negativ gepolt sein:

Im einen Fall hat man Einstellungen und Verhaltensweisen der Eltern übernommen, im anderen Fall versucht man mehr oder weniger krampfhaft, «nicht so geizig wie der Vater» oder «nicht so verschwenderisch wie die Mutter» zu sein. So oder so drückt man in diesen Fällen nicht sein eigenes Selbst, sondern fremde Einstellungen aus, die einem in den ersten Lebensjahren eingeflößt worden sind. Nur wenigen von uns ist es gelungen, sich schon früh von diesen Einflüssen freizumachen und eine eigenständige Haltung zu gewinnen.

Um diese Prägungen zu erkennen, stellen Sie sich nun also bitte die Frage: Wie gingen meine Eltern in meiner Kindheit mit Geld um? Notieren Sie charakteristische Verhaltensweisen, Aussprüche, Szenen, an die Sie sich erinnern.

Als zweites fragen Sie sich nun: Und wie gehe ich selbst mit Geld um? Bin ich positiv durch das elterliche Muster geprägt, habe es also übernommen? Oder bin ich negativ geprägt, versuche also in allen finanziellen Dingen das Gegenteil des elterlichen Vorbildes zu leben? Oder bin ich in meinen Einstellungen und Verhaltensweisen wirklich eigenständig? Würde ich bestimmte Dinge auch dann tun (einen gewissen Lebensstil pflegen, bestimmte Anschaffungen machen – oder verwerfen, mir eben nicht gönnen), wenn es meine Eltern nie gegeben hätte?

Diese Fragen sind zugegebenermaßen nicht ganz leicht zu beantworten, man sollte aber auch hier keinesfalls lange darüber brüten, sondern so spontan wie möglich antworten. Übrigens stellen die allermeisten Menschen auf diese Fragen hin sofort fest, daß sie tatsächlich – positiv oder negativ – von den Eltern geprägt worden sind. Und solange wir uns von solchen Prägungen lenken lassen, leben wir nicht unsere eigene Persönlichkeit, sondern sind in unserem Selbstausdruck gehemmt und unserer natürlichen, uns entsprechenden Art, mit Geld umzugehen, entfremdet.

10. Inwiefern würde sich mein Selbstausdruck ändern, wenn ich mehr Geld hätte?

Wenn Sie plötzlich drei- oder viermal soviel Geld wie bisher monatlich zur Verfügung hätten, was würde sich an Ihrem Lebensstil nachhaltig ändern? Würden Sie andere Hobbys pflegen als bisher, anders wohnen, sich anders kleiden?

Wenn Sie diese Fragen mit ja beantworten, bedeutet das auf der einen Seite, daß es sich für Sie wirklich lohnen würde, mehr Geld zu verdienen: Sie könnten etwas damit anfangen, es in Ihr Leben tatsächlich integrieren. Auf der anderen Seite heißt das aber auch, daß Sie jetzt, sofort oder doch so bald wie möglich handeln sollten:

Nähren Sie das betreffende Wunschbild in Ihrem Innern, erzeugen Sie in sich das Gefühl, das Sie empfinden würden, wenn Sie jenen großzügigeren Selbstausdruck bereits kultivieren könnten. Denn nur wenn wir als erstes die inneren Bilder herstellen und energetisch nähren, können wir als zweites deren äußere Entsprechungen anziehen – vergegenwärtigen Sie sich das Beispiel des Musikers, der sein Wunschbild einer weiträumigen, lichtdurchfluteten Musikschule «gegen jede Wahrscheinlichkeit» verwirklichen konnte, indem er seine Gefühle und Phantasien nährte und ihnen entsprechend zu leben versuchte.

Wer zu Geld kommen will, muß versuchen, in seinem Innern schon im Vorgriff die Energien aufzubauen, über die er verfügen wird, wenn er die ersehnten finanziellen Mittel wirklich besitzt.

Auf einen Blick: Günstige Antworten zum ersten Fragebogen

1. Was denke ich über Geld, was bedeutet es für mich?
Geld ist für mich ein Ausdrucksmittel. Ich benutze Geld, um ich selbst zu sein.

2. Welche Probleme habe ich mit Geld und materiellen Dingen?
Ich habe keine Probleme im Umgang mit Geld. Entsteht einmal ein Engpaß, dann behebe ich ihn. Habe ich zu wenig Geld, dann mache ich eben mehr. Habe ich zuviel Geld, dann gebe ich es aus.

Keine Probleme mit Geld zu haben heißt nicht unbedingt, unendlich viel Geld zu haben, sondern sich anpassen zu können, wenn die Umstände es verlangen.

Ein Beispiel: Will ich in eine größere Wohnung umziehen, die 500 Mark mehr im Monat kostet, dann darf ich nicht anfangen zu sparen, sondern sage mir statt dessen: «Die Wohnung kostet mehr, also muß ich mehr Geld verdienen.» Wer spart, glaubt, daß sein Geld begrenzt ist und er es einteilen muß. Wer dagegen sagt: «Habe ich zuwenig Geld, dann mache ich eben mehr», der handelt in dem Bewußtsein, daß Geld im Überfluß vorhanden und verfügbar ist.

3. Welche Ängste verbinde ich mit Geld?
Keinerlei Ängste. Ich vertraue darauf, daß ich immer Geld machen kann, und ich vertraue darauf, daß immer Geld vorhanden ist. Und selbst wenn einmal kein Geld da sein sollte, habe ich genügend andere Ideen.

4. Welche Bedeutung hat Geld für Menschen, die mir nahestehen?
Sie benutzen Geld, um sie selbst zu sein, als Teil ihres persönlichen Ausdrucks. Darüber hinaus hat Geld keine Bedeutung für sie. Denn wer immer äußere Sicherheit sucht, also das Geld als Sicherheit betrachtet, nährt in Wahrheit nur die Angst, es verlieren zu können. Im Außen kann man niemals Sicherheit finden. Dagegen finden wir Ruhe in uns, wenn wir erkennen, worin unser Wert besteht und wie wir ihn einsetzen können.

Diese Einsicht leben auch die Menschen, die mir nahestehen: Da sie wissen, daß ihnen immer etwas Gutes einfällt, das sich in Austausch bringen läßt, können sie auch ruhig schlafen – egal wie die Umstände sein mögen.

5. Halte ich mich selbst für reich oder arm?
Egal! Halte ich mich für arm, wird es Zeit, diesen Zustand zu ändern. Halte ich mich für reich, kann ich so bleiben, wie ich derzeit bin. Entscheidend ist also nicht, wie ich mich einschätze – sondern ob ich gegebenenfalls die Konsequenzen daraus ziehe.

6. Wieviel Geld paßt zu mir – mehr oder weniger, als ich derzeit habe?
Genauso viel Geld, wie ich habe, denn ich verstehe, warum es mir entspricht. Oder: Mehr Geld, als ich derzeit habe, und ich habe genügend Motivation und die entsprechenden Werte, die ich einsetzen will.

7. Was tue ich für mein Geld: Entspricht der Rückfluß meinem Einsatz?
Ich habe Spaß an meiner Arbeit, der Rückfluß stimmt also, unabhängig davon, wieviel Geld ich damit verdiene. Ich ver-

diene gewissermaßen nebenbei Geld, indem ich tue, was mir Spaß macht. Ich stelle meine Motivation und meine Werte gezielt anderen zur Verfügung und erhalte einen angemessenen finanziellen Rückfluß.

8. Glaube ich, daß ich immer Geld zur Verfügung haben werde, so wie ich es möchte und brauche?
Ja! Denn ich kenne meine Werte, ich spüre meine Sehnsüchte und werde deshalb immer etwas zu geben haben und die Motivation aufbringen, es auch zu tun, um meine Sehnsüchte zu erfüllen.

9. Wie gingen meine Eltern mit Geld um, und wie bin ich bis heute mit Geld umgegangen?
Entscheidend ist es hier, den Unterschied herauszuarbeiten: Meine Eltern waren [geizig, verschwenderisch ...], ich aber gehe so mit Geld um, wie es zu mir paßt. Ich bin frei, denn ich habe mich von den elterlichen Einflüssen aus der Vergangenheit gelöst.

10. Inwiefern würde sich mein Selbstausdruck ändern, wenn ich mehr Geld hätte?
Überhaupt nicht! Meinen Selbstausdruck finde ich, ob ich Geld habe oder nicht, indem ich mein Selbst, meine persönlichen Eigenarten und Fähigkeiten, auslebe. Natürlich weiß ich, daß ich gerade deshalb die äußeren Umstände anziehen werde, die mir bei meinem Ausdruck hilfreich sind – auch in Form von Geld.

Zweiter Fragebogen: Erfolg und Selbstwert

1. Was bedeutet Erfolg für mich? Habe ich beruflich Erfolg, privat, im zwischenmenschlichen Bereich, in der Partnerschaft?

Verhängnisvoll wäre es, Erfolg auf den wirtschaftlichen und beruflichen Bereich zu begrenzen. Auch wenn es in diesem Buch vorrangig um Geld geht, dürfen wir nicht vergessen, daß man langfristig nur dann angenehm leben kann, wenn man in allen Lebensbereichen erfolgreich ist. Wenn wir von Erfolg sprechen, sollten wir also stets ein ganzheitliches Erfolgsprinzip vor Augen haben, das den ganzen Menschen, alle seine Bedürfnisse und Lebensbereiche, umfaßt.

Was soll man sich beispielsweise unter «privatem Erfolg» vorstellen? Die Antwort ist im Grundsatz sehr einfach: Wenn in jedem Lebensbereich das erfolgt, was ich will und was mir gut tut, dann habe ich Erfolg. Damit das jedoch eintreten kann, muß ich zunächst einmal herausbekommen, was ich wirklich will. Damit meine ich natürlich Erfolg, der auf Selbstausdruck aufbaut, und nicht Tyrannei oder Größenwahn, indem aus irgendwelchen Gründen alle nach meiner Pfeife tanzen müssen. Ich spiele auf der Pfeife und ziehe alles an, was zu meiner Melodie tanzen möchte. Wer meine Melodie nicht mag, den werde ich nicht anziehen und der wird auch nicht nach meiner Pfeife tanzen.

Im privaten Bereich sollten Sie sich also fragen: Habe ich die richtigen Freunde, die richtigen Beziehungen – Menschen, die meinem Selbst, meiner Sehnsucht, meiner Lebensabsicht entsprechen oder mich bei meinem Selbstausdruck eher hemmen, behindern, einengen? Habe ich genug Zeit für mich, lebe ich so aufregend, beschaulich oder was auch immer, wie ich es wirklich will? Habe ich Menschen, die ich liebe, jemanden, der mir gefällt? Lieben mich die Menschen in meinem privaten Umfeld? Gibt es jemanden, dem ich gefalle, der sich um mich kümmert?

Im Hinblick auf beruflichen Erfolg lauten die Fragen etwa: Bin ich insofern erfolgreich, als ich arbeite, was mir Spaß macht und was meiner Begabung und Neigung entspricht? Verwende ich auf den Beruf soviel Zeit, wie es mir angemessen scheint? Habe ich Umgang mit Leuten, die mir entsprechen oder mich ansprechen – oder bedeutet beruflicher Erfolg für mich letzten Endes, daß ein angemessener materieller Rückfluß entsteht?

Im privaten wie im beruflichen Bereich gilt: Nur wer weiß, was er persönlich unter Erfolg versteht, was also aus seiner Sicht erfolgen soll, hat auch eine Chance, diesen Erfolg wirklich zu erreichen.

2. Betrachte ich mich als wertvoll? Brauchen andere Menschen mich und meine Energien, und habe ich ihnen etwas zu geben?

Was glauben Sie, wie andere Menschen Sie sehen und einschätzen? Stellen Sie sich beispielsweise vor, daß Sie einen Raum betreten, in dem etliche Leute sitzen. Wie schätzen diese Leute Sie ein? Was für ein Gefühl vermitteln Sie Ihnen? Was für eine Ausstrahlung haben Sie auf andere Menschen? Glauben Sie, daß die Leute denken: «O Gott, der/die schon wieder!» oder: «Wunderbar, daß sie/er endlich zurück ist!»? Bestürmen die Leute Sie mit Fragen und Wünschen, weil Sie als jemand gelten, der immer einen Rat zu geben weiß? Oder ist man ganz einfach gern mit Ihnen zusammen, weil Ihr Lachen, Ihre Fröhlichkeit, Ihr Humor andere Leute aufbauen?

Beantworten Sie auch diese Frage spontan und ungeschönt. Unterteilen Sie Ihre Antworten wiederum in die Rubriken «Beruflich», «Privat», «Beziehungen» und «Partnerschaft». Sie sind wichtig, um festzustellen, welchen Wert Sie für andere haben. Denn dieser Fremd- oder Marktwert ist ja etwas, das Sie auswerten sollten, um dem Geheimnis des Erfolges näherzukommen: Wer selbst zu Geld geworden ist, braucht im Grunde keines mehr …

Sollte sich herausstellen, daß Sie anscheinend keinen besonderen Eindruck auf andere Leute machen, ist das im übrigen kein Grund zu Resignation oder Traurigkeit. Vielmehr haben Sie dann einen Ansatzpunkt gefunden, um an sich weiter zu arbeiten. Fragen Sie sich in diesem Fall:

- Warum dreht sich niemand nach mir um, wenn ich einen Raum betrete?
- Weshalb erwarten andere Menschen nichts von mir?
- Habe ich ihnen nichts zu geben?
- Oder weiß ich zwar, was ich zu geben hätte, zeige es aber nicht?
- Gebe ich ihnen zwar laufend etwas, das sie aber gar nicht haben wollen?
- Oder setze ich sie mit meiner Erwartung unter Druck?

Woran also liegt es? Wenn Sie diese Fragen beantworten können, sind Sie auf der Suche nach Ihrem Selbstwert einen entscheidenden Schritt weitergekommen.

3. Lebe ich das Prinzip des Austausches von Energien bewußt? Sind Geben und Nehmen in meinem Leben im Gleichgewicht?

Diese Frage zielt auf Grundsätzliches. Unterteilen Sie auch hier Ihre Antworten in die Rubriken «Beruflich», «Privat», «Beziehungen» und «Partnerschaft».

Im Beruflichen stellt sich etwa die Frage: Überlege ich mir morgens, wenn ich zur Arbeit gehe, überhaupt noch, was ich an diesem Tag unternehmen kann, damit der Betrieb erfolgreich ist? Oder frage ich mich lediglich: «Also, was muß ich heute abhaken?»

Im Bereich der zwischenmenschlichen Beziehungen gilt es beispielsweise zu überlegen, ob man es einfach als selbstverständlich hinnimmt, von seinen Freunden (Zuwendung, Anregung, Ermutigung) zu nehmen, oder ob man diese Werte bewußt wertschätzt und Entsprechendes zurückgibt.

In der Partnerschaft: Halte ich es für nicht der Rede oder besonderer Aufmerksamkeit wert, geliebt zu werden, oder denke ich über diese Gabe, die mir tagtäglich zuteil wird, noch bewußt nach? Bemerke ich meinen Partner und seine Bedürfnisse, oder glaube ich, ihn/sie ohnehin so durch und durch zu kennen, daß ich eigentlich keinen Blick mehr an diesen Menschen an meiner Seite verschwenden muß?

Wie sieht Ihre innere Einstellung zu all diesen Bereichen aus: Wo fließt Energie von Ihnen zu anderen Menschen, und wo fließt Energie zu Ihnen zurück?

4. Fühle ich mich sicher? Würde mehr Geld mehr Sicherheit für mich bedeuten oder weniger Geld weniger Sicherheit?

Wenn Ihnen jemand von heute auf morgen all Ihr Geld wegnehmen würde, wie würden Sie sich dann fühlen? Am Boden zerstört – oder aber hochgradig energetisiert? Würden Sie sagen: «Das ist das Ende» oder eher: «So, jetzt werden aber die Ärmel aufgekrempelt – wird auch Zeit, daß mir mal wieder frischer Wind um die Nase weht»? Oder wenn Ihr Unternehmen plötzlich kurz vor der Pleite stünde, würden Sie dann denken: «Nichts mehr zu machen» oder eher: «Jetzt will ich mal zeigen, was wirklich in mir steckt»?

Bei dieser Frage geht es also um Ihren Energielevel und um die innere Sicherheit.

5. Was denke ich über wohlhabende Menschen, insbesondere über vermögende Freunde von mir?
Vergegenwärtigen Sie sich bitte die vierte Frage des ersten Fragebogens. Hier wie dort gehen wir davon aus, daß es zu Lebensstil und Ausstrahlung der Leute in unserem Freundes- und Bekanntenkreis energetische Entsprechungen in unserem Inneren gibt.

Wenn wir also in unserem Bekanntenkreis vermögende Personen haben, obwohl wir selbst (noch) nicht zu den Reichen gehören, dann besteht eine gewisse Wahrscheinlichkeit, daß deren Einstellung zu Finanziellem auch über unseren «Geldcharakter» einiges aussagt. Falls die wohlhabenden Menschen in unserem Freundes- und Bekanntenkreis beispielsweise zu der Angst neigen, ihr Vermögen durch Inflation oder Betrug zu verlieren, könnte es sehr gut sein, daß diese Einstellungen entweder auf uns abgefärbt haben oder wir sie ohnehin in uns tragen. So oder so könnte es erklären, warum wir trotz aller Bemühungen auf keinen grünen Zweig kommen: In unserem Unterbewußtsein wäre dann die demotivierende Überzeugung verankert, daß es sinnlos ist, sich für einen finanziellen Erfolg abzustrampeln, da einem das Geld ohnehin gleich wieder zwischen den Fingern zerrinnt.

6. Würde es meine zwischenmenschlichen Beziehungen und Freundschaften verändern, wenn ich mehr Geld hätte? Würde es meine Partnerschaft positiv beeinflussen?
Hier liegt es scheinbar nahe zu antworten: «Hätten wir mehr Geld, könnten wir uns mehr leisten, also wären wir auch glücklicher.» Wer das jedoch wirklich glaubt, der sollte seine Beziehungen zu Bekannten, Freunden und dem Lebenspartner schleunigst überprüfen. Zum Kitten kaputter und Beleben ermatteter Beziehungen taugt Geld in der Regel kaum.

Umgekehrt vermögen solche rissigen und lauwarmen Beziehungen einem so wenig Energie zu geben, daß man ohnehin höchstwahrscheinlich seine wirtschaftlichen Verhältnisse nicht verbessern könnte, solange man sich aus diesem energetischen Tiefdruckgebiet nicht befreit.

7. Glaube ich, daß es so viel Geld gibt, daß ich meine Ziele erreichen kann?
Eine Frage, die Sie rein nach Gefühl – nicht mit wirtschaftswissenschaftlichen Berechnungen – beantworten sollten. Befürchten Sie eher, daß nicht genügend Geld für Sie vorhanden ist, sollten Sie sich als nächstes fragen: «Wo ist das Geld denn geblieben? Warum komme ich nicht heran?» Glauben Sie aber, daß es ausreichend Geld gibt, sollten Sie sich fragen: «Also, wer hat es, und was muß ich tun, um es zu bekommen?»

8. Was bedeuten Reichtum und finanzielle Freiheit für mich?
Bei dieser Frage geht es nicht um richtige oder hinderliche Einstellungen, sondern darum, sein eigenes Wunschbild besser kennenzulernen. «Reichtum» kann also für Sie bedeuten, fünf Häuser oder sieben Autos zu besitzen, einen See voller Frösche oder einen ganzen Wald nur für Sie allein. Wie auch immer dieses Wunschbild aussehen mag – wichtig ist einzig, daß man es kennt, daß man herausfindet, was in einem vorgeht und wonach man sich sehnt.

9. Erwarte ich von Menschen, daß sie für mich etwas tun oder mir etwas geben? Bin ich bereit und aufmerksam bemüht, ihnen entsprechende Energien im Austausch zu geben?
Bei dieser Frage geht es wieder um das Gleichgewicht von

Geben und Nehmen, aber auch um Achtung und Aufmerksamkeit, die wir anderen Menschen entgegenbringen. Achte ich also darauf, wie das, was ich gebe, bei anderen Menschen ankommt? Und umgekehrt: Wenn ich etwas nehme, bin ich wirklich bereit, etwas Gleichwertiges zurückzugeben? Denken Sie beispielsweise an einen Seminarleiter: Der kann sein Programm abspulen und allenfalls denken: «Na, hoffentlich merken die sich das auch.» Oder er kann sich mit den Leuten, die sein Seminar besuchen, austauschen und sich freuen, wenn es ihnen anschließend besser geht, sie neue Ideen, frische Energien gewonnen haben.

Kurz gesagt: Wie wichtig ist mir mein Gegenüber, und achte ich bewußt darauf, daß der andere nicht zu kurz kommt? Achte ich aber andererseits auch darauf, daß ich selbst nicht energetisch den kürzeren ziehe?

10. Bin ich in der Lage, zu genießen und mich zu freuen, intensiv wahrzunehmen, zu erleben und das zu tun, was mir guttut?

Nach meiner Überzeugung kommen die Verbissenen und Griesgrame sehr viel schwerer zu Wohlstand als Leute, die genießen können. Denn Sehnsucht nach Genuß ist die stärkste Energie, die wir in uns tragen. Wer sich ständig über etwas ärgert oder unfähig ist, schöne Augenblicke zu genießen, hat natürlich Mühe, die Energie in sich zu wecken, die er benötigt, um Reichtum oder Überfluß anzuziehen: Sein Unterbewußtsein weiß überhaupt nicht, wozu es diese Energien freisetzen soll. Wer nicht genießen kann, hat nicht nur einen Mangel an Motivationskraft; auf Dauer riskiert er auch Gesundheit, Lebensfreude, Phantasie und die Fähigkeit, sich und sein Leben zu verändern.

Dagegen kann der Genießer viel leichter die Energien aufbauen, die er braucht, um das anzuziehen, was er genießen will, was er sich schon im voraus lebhaft – eben genießerisch – vorstellt. Auf die Frage, ob es sich überhaupt lohnt, sich anzustrengen, um zu Reichtum zu kommen, antwortet der Genießer mit einem klaren Ja: Bei der bloßen Vorstellung all der Genüsse, die er sich dann leisten kann, beginnt er zu schwärmen, also wahre Schwärme an Energien zu mobilisieren.

Sollte sich herausstellen, daß Sie kein Genießertyp sind, ist das aber kein Grund, alle Hoffnung fahren zu lassen – im Gegenteil: Dann wissen Sie endlich, warum es mit der Mehrung Ihres Wohlstandes bislang nicht so recht geklappt hat, und können sich vornehmen, ab morgen Ihre Genußfähigkeit zu steigern.

Wie Sie die entsprechenden Glaubenssätze in Ihrem Unterbewußtsein energetisch verankern können, erfahren Sie im folgenden 4. Kapitel.

Selbstbewußtsein – das Bewußtsein meiner selbst

Letzten Endes drehen sich alle Fragen des zweiten Fragebogens (und etliche des ersten) um das Selbstbewußtsein, verstanden als Bewußtsein meiner selbst: Wer bin ich (gegenwärtig)? Welche Aspekte meiner selbst möchte ich ändern, welche stärken, welche neuen Muster hinzufügen? Wenn wir diese Fragen beantwortet und mit der Neugestaltung unseres Selbst begonnen haben, dann entwickeln sich auch unser Selbstbewußtsein und Selbstwertgefühl.

Allerdings sollte man Selbstbewußtsein nicht mit Leistungsbewußtsein verwechseln, wie dies so häufig geschieht. Der Leistungsbewußte macht sein Wertgefühl vom Erfolg seiner Leistungen abhängig und damit letztlich von der Meinung anderer Menschen und ihrer Anerkennung seiner Leistungen. Wird er für seine Leistungen gelobt, so bläht sich sein Ego auf wie ein Ballon, und alle Welt staunt, wie «selbstbewußt» der Betreffende doch sei. In Wahrheit aber ist er nur leistungsbewußt: Wird seine Leistung auf einmal geschmäht, so ist er am Boden zerstört.

Ohnehin sitzt der Leistungsbewußte ständig auf einem Pulverfaß, weil er andauernd in der Angst lebt, daß seine Leistung irgendwann nicht mehr genügt. Wer Leistungs-, aber kein Selbstbewußtsein hat, kann im Grunde kaum jemals glücklich, so wie er will und wie es ihm entspräche, leben, da er in hohem Maße davon abhängig ist, wie andere ihn beurteilen und daß sie ihn – vielmehr seine Leistungen – anerkennen.

Dagegen ist es den Menschen, die über wirkliches Selbstbewußtsein verfügen, die sich also ihres Selbst und ihrer Werte bewußt sind, normalerweise ziemlich egal, was andere Leute von ihnen halten. Selbstbewußtsein ist daher eine der wichtigsten Voraussetzungen für die Veränderung unseres Unterbewußtseins, die Öffnung und Ausrichtung der Energieschleusen in unserem Inneren. Nur wenn wir uns unser selbst, unserer Sehnsüchte und Werte, bewußt sind, können wir unsere inneren Einstellungen und Muster so verändern, daß wir in unserem Umfeld anzuziehen vermögen, was wir wollen und was für uns günstig und förderlich ist.

Das ist nach meiner Überzeugung und Erfahrung ein sehr ernster Punkt: Menschen, denen es nicht gelingt herauszufinden, was sie tief im Innern über sich selbst und die Welt, über Reichtum, Geld und Erfolg denken, haben nur sehr geringe Chancen, ihre inneren Einstellungen und Muster tiefgreifend zu verändern. Wer sich also davor scheut, in sein Inneres hineinzusehen, der kann sicherlich an der Oberfläche ein wenig ändern. Aber die radikale Verwandlung des Ichs und des eigenen Lebens glückt nur denen, die es wagen, in ihren unterbewußten See hinabzutauchen und furchtlos die falschen Glaubenssätze aufzuspüren, die es zu deaktivieren und durch günstigere, angemessenere Muster zu ersetzen gilt.

Haben wir die alten Muster entdeckt und können günstige von ungünstigen Energien unterscheiden, so können wir beginnen, neue Muster zu suchen, die wir von jetzt an energetisch nähren wollen. Aber solche neuen Muster lassen sich nicht ohne weiteres finden, weil wir gewöhnlich nur bestimmte Aspekte des Lebens wahrnehmen. Unser Sichtwinkel ist durch unsere Vergangenheit geprägt und begrenzt, und entsprechend fallen uns die Energien, die wir suchen möchten, gar nicht auf. Da wir in der Vergangenheit kein Vorbild dafür hatten, können wir uns auch nicht an sie erinnern. Um dieser Problematik zu entgehen, brauchen wir neue Impulse: Wir müssen unsere Phantasie entwickeln und uns gewissermaßen freischwimmen, damit wir wieder beweglich werden, und Raum schaffen für neue Ideen. Hierzu dient auch die folgende Übung.

Übung: Neue Perspektive

Bei dieser Übung geht es darum, die Phantasie unbekümmert schweifen zu lassen und hemmungslos in Wunschbildern zu schwelgen. Lassen Sie sich ruhig auch von bizarren und übertriebenen Vorstellungen mitreißen – aus ihnen erwächst dann früher oder später genau das Wunschbild, das Ihnen entspricht.

Wie ich in den folgenden Kapiteln auch mit Hilfe von Fragebögen noch ausführlicher erläutern werde, sollte man die Thematik des Geldes stets im Zusammenhang mit allen Lebensbereichen sehen. Wer nur in finanziellen Belangen Erfolg hat, während sein Privat- und Sozialleben eine Abfolge von Katastrophen darstellen, hat diesen Erfolg zweifellos zu teuer erkauft – und wird ihn sicherlich auch nicht allzu lange genießen können. Unsere Übung schließt daher neben Wunschbildern zu den materiellen Verhältnissen auch Phantasien zu Freundschaft, Partnerschaft und anderen Lebensbereichen ein.

1. Zwischenmenschliche Beziehungen

Stabile, anregende, beglückende zwischenmenschliche Beziehungen sind ohne Zweifel eine tragende Kraft. Hat man Freunde, die einem Rückenwind geben, so kann man beinahe alles schaffen. Wer aber die falschen Freunde hat, von dem sagt schon das Sprichwort, der brauche keine Feinde mehr. Freunde in seinem Leben zu haben ist vor allem auch deshalb so wichtig, weil der stetige Austausch im Freundeskreis für ein hohes Energieniveau sorgt.

Wie verhält es sich in dieser Hinsicht bei Ihnen? Schlummert in Ihnen vielleicht ein nie erfüllter Wunsch nach einer tiefen, vertrauensvollen Freundschaft, in der man einander alles sagen, sich blindlings aufeinander verlassen kann? Lassen

Sie Ihrer Phantasie die Zügel schießen, und versuchen Sie sich vorzustellen, daß Sie einen solchen Freund (oder eine solche Freundin) gewonnen hätten. Wie muß er/sie aussehen, um zu Ihnen zu passen, Ihren Vorstellungen zu entsprechen? Welche Eigenschaften sollte er/sie haben? Wenn sich das Wunschbild in Ihnen möglichst konkret ausprägen kann und Sie entsprechende Gefühle dazu entwickeln und in sich tragen können, haben Sie aufgrund Ihrer Ausstrahlung eine gute Chance, daß dieser Mensch tatsächlich eines Tages in Ihr Leben tritt.

2. Partnerschaft

Menschen, die in einer tollen, funktionierenden Partnerschaft leben, verfügen über eine unerschöpfliche Energiequelle. Aber ein solches Zuhause, wo man sich angenommen und verstanden fühlt, wo man Ermutigung und neue Ideen bekommt, hat ja durchaus nicht jeder. Wie viele fragen sich auf dem Heimweg besorgt, wie wohl zu Hause die Stimmung sein mag, und hoffen allenfalls, daß der Partner sie nicht schon wieder so sehr runterzieht. Aber nicht nur diejenigen, die zu Hause einen solchen «Energiefresser», einen richtigen Vampir, sitzen haben, sollten hier ihrer Phantasie Flügel wachsen lassen:

Wie stellen Sie sich Ihren idealen Partner, Ihre vollkommene Partnerin vor? Malen Sie sich ruhig zunächst ein völlig übertriebenes Bild aus. Auf realistische Dimensionen wird es sich nachher schon von selbst wieder reduzieren. Fürs erste aber geht es auch hier darum, zu erforschen, welche Wünsche man wirklich hegt – und nicht zuletzt darum, die manchmal ein wenig verkümmerte Phantasie zu wecken und aufzupäppeln. Dadurch werden geistige Energien in Gang gesetzt, die Ihre Zukunft neu und unabhängig von Ihrer Vergangenheit gestalten können.

3. Körperlicher Ausdruck

Vor lauter Erfolgsstreben vernachlässigen viele Menschen ihren Körper, der über die Jahre und Jahrzehnte verkümmert und verfällt. Der Körper ist aber unser natürliches Ausdrucksmittel, und wenn wir ihn nicht nutzen, in unser Selbst und Leben integrieren, leidet nicht nur der Körper darunter, sondern auch unsere Erfahrungs- und Ausdrucksmöglichkeiten verringern sich.

Fragen Sie sich also: Wie fühle ich mich in meinem Körper? Welche körperlichen Fähigkeiten und Ausdrucksmöglichkeiten wünsche ich mir? Sammeln Sie, was immer Ihnen zu diesem Körperthema einfällt – Ideen, Träume, Wunschbilder, Gefühle …

4. Beruf – Berufung

Bei diesem Punkt geht es hauptsächlich um den Beruf und die innere Einstellung, die man zu diesem Lebensbereich hat. Wie müßte Ihr Beruf beschaffen sein, damit er Ihnen die größtmögliche Lebensqualität verschafft?

Bewegen Sie diese Frage in Ihrem Geist, und versuchen Sie sich vorzustellen, wie Ihre Arbeit beschaffen sein müßte, damit Sie Tag für Tag voller Freude und hochmotiviert zu Werke gingen. Dabei geht es überhaupt nicht um inhaltliche Fragen, sondern um die Anforderungen, die Sie persönlich an eine anregende, erfüllende, motivierende Tätigkeit stellen.

So würde der eine seinen Idealberuf vielleicht mit diesen Worten charakterisieren: «Mein Beruf ist jeden Tag aufs neue spannend, immer wieder eine neue Herausforderung. Diesen Beruf könnte ich vierzig, fünfzig Jahre ausüben, ohne mich je zu langweilen, und dabei macht meine Arbeit nicht nur Spaß, sie hat mich auch reich gemacht. Und trotzdem würde ich ihn nie aufgeben, mein Beruf ist längst zu meinem liebsten Hobby geworden.»

Ein anderer würde dagegen sagen: «Bei meinem Beruf geht es mir vordergründig gar nicht ums Geld. Ich wollte immer schon die Welt verbessern, und da habe ich eine sinnvolle Aufgabe gefunden und glaube tatsächlich, daß ich etwas für die Menschen bewegen kann.»

Wie verhält es sich in puncto Wunschberuf und Lebensqualität bei Ihnen?

5. Materieller Rahmen

Unter einem «großen Haus» oder einem «großen Auto» verstehen keineswegs alle Menschen das gleiche. Obwohl viele sich nach einem großzügigeren materiellen Rahmen sehnen, machen nur wenige sich konkret Gedanken darüber, wie dieses luxuriöse Umfeld genau beschaffen sein sollte, das sie sich erhoffen. Aber nach dem energetischen Resonanzprinzip können wir nur das anziehen, was seine Entsprechung in unserem Inneren findet.

Versuchen Sie sich also vorzustellen, wie Ihr materielles Umfeld beschaffen sein müßte, damit es Ihnen behagt und entspricht. Wie sollte die Wohnung oder das Haus aussehen, damit Sie sich darin wohl fühlen? Was möchten Sie mit und in Ihren Räumen zum Ausdruck bringen? Schweben Ihnen eher große oder eher kleine Zimmer vor? Möchten Sie Ihr Haus mit vielen Gegenständen füllen oder sich eher auf wenige Dinge beschränken, um beweglich zu sein?

Legen Sie auch hier Ihrer Phantasie keinen Zaum an. Kommt Ihnen spontan eine Villa mit zwanzig Zimmern und einem Dutzend Dienern in den Sinn, dann schwelgen Sie eben erst einmal in dieser üppigen Szenerie. Vielleicht träumen Sie von einem Fuhrpark mit acht Autos und vier Motorrädern, oder sollte Ihr Haus besser von einem eigenen Park mit Wiesen und Seen umgeben sein? Auch hier gilt: Um die Phantasie zu finden, die wirklich zu einem paßt, sollte man ruhig zuerst ungezügelt «herumspinnen»; auf realistische Maßstäbe reduziert sich das Bild nachher von selbst.

Sammeln Sie alle Ihre Wunschbilder aus den verschiedenen Lebensbereichen. Wiederholen Sie die Übung zwei-, dreimal im Monat, und Sie werden sehen, wie sich Ihre Ideen verändern, wie sie zugleich realistischer und persönlicher werden. Schon nach kurzer Zeit werden Sie recht genau spüren, ob es sich bei den jeweiligen Vorstellungen um vergangenheitsfixierte Bilder oder vorgefertigte Klischees handelt – oder ob diese Bilder und Phantasien wirklich zu Ihnen passen: Ein wohlig-warmes Gefühl in der Gegend des Solarplexus signalisiert es Ihnen unmißverständlich, wenn Sie Ihre eigenen Wunschbilder entdeckt und Ihre inneren Schleusen geöffnet haben.

Wenn Sie Ihre Phantasie auf diese Weise erfolgreich anregen, werden Sie auch feststellen, daß Ihnen Entsprechungen im Leben auffallen, daß Sie Vorbildern begegnen für die eine oder andere Phantasie. Schon allein die Phantasien öffnen Schleusen zu Energien, die nach dem Prinzip der Entsprechung für Sie zu wirken beginnen.

4. Stufe
Das Unterbewußtsein auf Erfolg programmieren

Die meisten herkömmlichen Ansätze in der Psychologie und Psychotherapie gehen davon aus, daß man zunächst mit der Vergangenheit aufräumen muß, ehe man seine geistigen Inhalte verändern kann. Insbesondere in den analytischen, von der Theorie Sigmund Freuds geprägten Strömungen gilt nach wie vor das Dogma, daß man die traumatischen Geschehnisse der frühen Kindheit ins Bewußtsein zurückrufen und analysieren müsse, da anders keine Befreiung und Heilung möglich seien.

Ohne Zweifel haben die analytischen Therapeuten wirksame Methoden entwickelt, um ihren Klienten die geforderte «Wiederkehr des Verdrängten» zu erleichtern: In oftmals viele Jahre dauernden Prozessen erinnern die Betroffenen sich qualvoll an unzählige Einzelheiten ihrer Vergangenheit, die sich fast immer als Abfolge katastrophaler Vorfälle erweist. Eines aber vermögen die analytischen Therapien nur allzu selten zu leisten: die Heilung der Klienten von ihren psychischen Leiden, die Befreiung ihres Unterbewußtseins von den Bildern und Traumata der Vergangenheit, die statt dessen durch die jahrelange Analyse an Macht und Energie häufig nur gewonnen zu haben scheinen.

Zur Ablösung von der Vergangenheit schlage ich, wie erwähnt, eine andere Vorgehensweise vor. Mir erscheint es nicht als notwendig, in jahrelangen qualvollen Prozessen zu versuchen herauszufinden, *wer wann, wo* und *warum* schädliche oder hemmende Einstellungen und Bilder in unseren unterbewußten See hineingeschmuggelt hat. Die einzigen Fragen, die uns in diesem Zusammenhang wirklich interessieren müssen, lauten doch:

- Um welche Inhalte handelt es sich?
- Entsprechen sie meinem Selbst und meinen Bedürfnissen?
- Wie kann ich falsche, hemmende Inhalte deaktivieren und durch bessere Muster ersetzen?

Vor allem um die letztere Frage soll es in diesem Kapitel gehen: Mit welchen Methoden können wir unser Wachbewußtsein so überlisten, daß es uns gelingt, an ihm vorbei neue, günstigere Inhalte in unserem unterbewußten See zu verankern?

Vergegenwärtigen Sie sich bitte die Darstellung der psychischen Verhältnisse im ersten Kapitel: Der See des Unterbewußten, der sich in frühester Kindheit in unserem Inneren gebildet hat, liegt wie ein Filter über der Grundpersönlichkeit und läßt nur diejenigen Impulse durch, die dem Filter – also dem Seeinhalt – entsprechen. Wenn unsere Grundpersönlichkeit Energien zum Ausdruck bringen will, für die es im See keine Entsprechung gibt, werden diese Impulse vom See des Unterbewußten unterdrückt oder herausgefiltert. Umgekehrt verhindert das Wachbewußtsein, gleichsam der «hypnotisierte Wächter» des unterbewußten Sees, daß wir von außen wirkende Impulse und Energien wahrnehmen, sofern diese nicht den hypnotisch verankerten Inhalten unseres Unterbewußtseins entsprechen.

Hat also jemand in früher Kindheit den hypnotischen Glaubenssatz «Geld macht unglücklich» verinnerlicht, so wird sein Unterbewußtsein diesen Satz unter dem Schutz des Wachbewußtseins immer wieder zu bestätigen suchen: Überall wird er nur unglückliche reiche Menschen entdecken, und wenn man ihm hundert Leute zeigt, die offenkundig sowohl vermögend als auch guter Dinge sind, wird der durch den obigen Glaubenssatz Hypnotisierte unerschütterlich erwidern, daß sie nur vortäuschen, glücklich zu sein. Wir nehmen immer nur das wahr, woran wir glauben, und ziehen auch in energetischer Hinsicht einzig das an, was den Glaubensinhalten in unserem unterbewußten See entspricht, denn nur das strahlen wir aus. Dadurch verstärkt und bestätigt sich dieser Glaube selbsttätig immer wieder, und deshalb ist ihm auch durch Argumente durchaus nicht beizukommen: Das Wachbewußtsein ist durch einen kritischen Filter von unserem Unterbewußtsein getrennt, der nur diejenigen Informationen in die tieferen Schichten unseres Bewußtseins einsinken läßt, die den dort verankerten alten Inhalten entsprechen.

Auf welche Weise kann man diesen Kritikfilter ausschalten oder überlisten? Hauptsächlich lassen sich hier drei Methoden unterscheiden, die sich nach meiner Erfahrung allesamt sehr bewährt haben: der lebenspraktische Ansatz, Entspannungstechniken und das sogenannte Doppelreizprinzip.

Der lebenspraktische Ansatz

Vor Jahren lernte ich in einem meiner Seminare einen Mann kennen, der zu Geiz und krankhafter Angst vor plötzlicher Verarmung neigte. Ich empfahl ihm, sich gezielt in ein ganz anderes Umfeld zu begeben, in dem solche Sorgen und Verkrampfungen gänzlich unbekannt waren. Unser Mann traf sich also immer öfter mit Leuten, die das Geld mit vollen Händen ausgaben. Anfangs war es eine wahre Qual für ihn, zu sehen, wie seine neuen Freunde sich scheinbar «übers Ohr hauen ließen» oder «Haus und Hof verjubelten». Bummelte man durch Geschäfte, so kauften sie im Vorübergehen Kleidungsstücke, die ihnen gerade ins Auge gestochen waren, und schauten allenfalls für einen Moment überrascht, wenn sie endlich den Preis erfuhren. Gingen sie in ein Restaurant, so bestellten sie, was ihnen am besten gefiel, ohne auch nur einen Blick auf die Preise zu werfen. War der Kellner nett gewesen, so gaben sie nicht zehn, sondern dreißig Prozent Trinkgeld, was ihrem neuen Begleiter anfangs den Atem verschlug. Ganz allmählich aber merkte er, wie seine alten Ängste verblaßten, sein krank- und krampfhafter Geiz sich mehr und mehr auflöste. Nach einiger Zeit ertappte er sich dabei, wie er auch seinerseits in Restaurants bestellte, ohne lange nach dem Preis zu sehen oder sich gar durch angstvolle Vorstellungen von einem «Alter im Armenhaus» den Appetit verderben zu lassen. Seine alten Angstbilder verschwanden zwar nicht völlig, aber nach und nach verloren sie an Macht über ihn.

Diese eindeutige Haltung im praktischen Leben, die klare Ausrichtung der geistigen Energien in unserem Umfeld, nenne ich den lebenspraktischen Ansatz. Man sucht ein Umfeld, das zu den neuen Energien paßt.

Wie das Beispiel zeigt, geht es bei einer solchen gezielten Änderung des Umfeldes um weitaus mehr als die bloße Änderung von Gewohnheiten: Wer sich mit Personen umgibt, die in hohem Maß über just die Energie verfügen, die er benötigt, hat eine gute Chance, daß die Energien dieser Menschen nach und nach seinen «hypnotisierten Wächter», den Kritikfilter in ihm, überwinden und in sein Inneres vordringen. Nach dem Resonanzprinzip erzeugen sie die ihnen entsprechenden Energien im Unterbewußtsein und beginnen, alte, ungünstige Inhalte langsam auszugleichen. Je häufiger wir uns solchen günstigen Umständen aussetzen, unter denen wir die Energien finden, die wir auch in uns erzeugen wollen, desto wirksamer werden sie in uns, und zwar automatisch, nach dem Resonanzprinzip.

Dieser lebenspraktische Ansatz ist das genaue Gegenteil der leider so beliebten sogenannten Problem- oder Selbsthilfegruppen: In diesen Zirkeln tun sich, wie gesagt, Menschen zusammen, die allesamt am gleichen Problem leiden. Hierdurch fühlen sie sich zwar subjektiv besser, tatsächlich aber werden die Energien ihres Unterbewußtseins wechselseitig verstärkt, und neuen Energien und Einstellungen wird der Weg versperrt.

Einfach gesagt: Wer beispielsweise lernen will, das Leben zu genießen, der möge sich mit Genießern umgeben. Die Gründung einer «Selbsthilfegruppe von Griesgramen» ist dagegen offensichtlich der falsche Weg.

Den Wächter des Unterbewußtseins einschläfern: Entspannungstechniken

Eine zweite Methode, an unserer kritischen Schicht vorbei gewünschte Energien und Einstellungen in unser Unterbewußtsein einzuschmuggeln, besteht darin, den «Wächter des Sees» gleichsam einzuschläfern. Hierfür gibt es eine Reihe altbewährter Entspannungstechniken, die das Wachbewußtsein bis an die Grenze des Schlafs führen. In diesem Zustand tiefer Entspannung steigt die Aufnahmebereitschaft des Unterbewußtseins – die sogenannte Suggestibilität – enorm. Die Kritikfähigkeit dagegen wird auf ein Minimum herabgesetzt, so daß man neue Informationen leicht und wirkungsvoll im unterbewußten See verankern kann.

Diese Zustände tiefer Entspannung kann man durch Musik[3], autogenes Training oder durch Hypnosetechniken einleiten. Als einfache Einleitungstechniken sind sich ständig wiederholende oder anhaltende Reize zu empfehlen, etwa das langsame Blinken einer Glühbirne, eine Spirale auf einer sich drehenden Scheibe oder ein Kerzenlicht in einem dunklen Raum.

Wenn wir einen Zustand tiefer Entspannung erreicht haben, brauchen wir uns nur noch die Informationen zu vergegenwärtigen, die wir unserem unterbewußten See zuführen möchten. Wir denken nun möglichst konkret an die gewünschten Eingaben, stellen uns das betreffende Wunschbild lebhaft vor und erzeugen möglichst intensiv die zugehörigen Gefühle. Je stärker man sich mit ihnen identifiziert, desto besser werden die neuen Muster verinnerlicht und vom Unterbewußtsein aufgenommen. Dort beginnen sie sofort zu wirken, aber die äußere Wirkung dieser neuen Einstellungen zeigt sich erst dann, wenn ihre energetische Intensität die der alten Muster übersteigt. Wann dieser Zeitpunkt erreicht ist, hängt davon ab, wie häufig und mit welcher Intensität man solche Zustände tiefer Entspannung herbeiführt und sich selbst die neuen Glaubenssätze und Wunschbilder in Verbindung mit möglichst viel Gefühl suggeriert.

Beim Einschlafen wie beim Aufwachen entstehen diese Zustände tiefer Entspannung im übrigen als natürliche Übergangsphasen täglich von selbst. Wer also keine äußere Hilfe in Anspruch nehmen will, kann diese natürlichen Zustände nutzen, um unauffällig Informationen in sein Unterbewußt-

3 Im Anhang finden Sie eine Liste der CDs und Kassetten, die ich speziell zur Tiefenentspannung entwickelt habe.

sein einfließen zu lassen, während das Wachbewußtsein noch schläfrig und daher nur begrenzt zu kritischem Einspruch fähig ist. Beispielsweise kann man kleine Zettel mit Sätzen oder Reizwörtern am Badezimmerspiegel anbringen, wo man sie morgens mit verschlafenem Blick streift. Ebenso kann man direkt nach dem Aufwachen eine Kassette abspielen, die man mit einfachen Ideen in kurzen, bildhaften Sätzen besprochen hat.

Ein weiteres wirksames Hilfsmittel ist die sogenannte Wunschschnur, eine Schnur mit zwölf Knoten, die man beim Aufwachen und beim Einschlafen wie eine Gebetskette durch die Finger gleiten läßt, um bei jedem Knoten seine neuen Energien, Ideen und Wünsche zu empfinden. Die seit uralter Zeit bewährte Wunschschnur funktioniert nach dem Prinzip des bedingten Reflexes: Wenn zwei verschiedene Reize oder Informationen längere Zeit stets gemeinsam auftreten und gemeinsam wahrgenommen werden, wird später, wenn nur einer der beiden Reize (die Wunschschnur) auftritt, vom Wahrnehmenden der zweite Reiz (Wünsche, Energien, Ideen) automatisch ergänzt. Wer also einige Zeit mit der Wunschschnur gearbeitet hat, kann eines Tages einfach die Schnur berühren – und sein Unterbewußtsein fügt selbsttätig die entsprechenden Wünsche hinzu, selbst wenn man beim Anfassen der Schnur schon nahezu eingeschlafen ist. Später kann man die Wunschschnur ständig in der Hosentasche mit sich tragen, um bei jeder zufälligen und «gedankenlosen» Berührung die betreffenden Energien auch tagsüber in seinem Unterbewußtsein zu aktivieren.

Ein magisches Hilfsmittel: die Wunschschnur

Unzählige begeisterte Anwender bestätigen, daß die Wunschschnur über magische Kräfte zu verfügen scheint. Nicht zufällig enthält sie gerade zwölf Knoten – die 12 ist die magische Zahl etwa des Jahreskreises, der seit jeher in zwölf Monate untergliedert wird, oder des Himmels mit den zwölf Tierkreiszeichen. Aus vielfältigen Untersuchungen geht hervor, daß Wiederholungen im Zwölferrhythmus besonders leicht Eingang ins Unterbewußtsein finden.

Fertigen Sie sich also eine Schnur mit zwölf Knoten oder auch mit zwölf Perlen, Edelsteinen etc. an – das Material sollte so beschaffen sein, daß es Ihnen persönlich behagt. Diese Schnur sollte abends griffbereit bei Ihrem Bett liegen und Sie auch morgens auf Ihrem Nachttisch erwarten.

Nehmen Sie die Schnur in die Hand, und stellen Sie sich das, was Sie sich wünschen, konkret und gefühlvoll vor:

- Was möchten Sie haben?
- Wie möchten Sie sich fühlen?
- Was möchten Sie erreichen?

Lassen Sie die Schnur durch Ihre Hände gleiten, visualisieren Sie vor dem Einschlafen bei jedem Knoten (jeder Perle, jedem Stein) lebhaft das gewünschte Objekt oder den ersehnten Zustand, und versuchen Sie sich dabei genau so zu fühlen, als ob das Gewünschte bereits Wirklichkeit wäre.

Am nächsten Morgen, noch ehe Sie richtig erwacht sind,

lassen Sie wiederum die Wunschschnur durch Ihre Finger gleiten und wiederholen bei jedem Knoten in Gedanken Ihren Wunsch auf die gleiche Weise wie am Abend. Nach einiger Zeit wird Ihr Unterbewußtsein nach dem Prinzip des bedingten Reflexes automatisch den jeweiligen Wunsch visualisieren, sowie Sie die Wunschschnur auch nur «gedankenlos» berühren.

Das Wachbewußtsein überlisten: Die Doppelreizmethode

Ebenso wirksam und mit noch geringerem Aufwand können wir unseren Wahrnehmungsfilter, die kritische Schicht in uns, umgehen, indem wir den «Wächter des Sees» ablenken und an ihm vorbei Kontakt zum Unterbewußtsein herstellen. Damit das kritische Bewußtsein diese Kontaktaufnahme möglichst nicht bemerkt, wird es mit einem einfachen Kunstgriff abgelenkt: Man schafft zwei Reize, die sich hinsichtlich ihrer Intensität deutlich unterscheiden. Nach dem Dominanzprinzip lenkt der stärkere Reiz das Wachbewußtsein ab, während die Information des schwächeren Reizes unbemerkt zu den unterbewußten Schichten vordringt. Der nichtdominante Reiz kann sogar so schwach sein, daß er bewußt gar nicht wahrgenommen wird; die auf diese Weise eingeschleusten Informationen werden gleichwohl in unserem Unterbewußtsein verankert – eine Erkenntnis, die vor allem die Werbung, die sehr häufig nach dem Doppel- oder Mehrfachreizprinzip arbeitet, sich gern zunutze macht.

Zur Erzeugung des dominanten Reizes kommen visuelle und/oder akustische Quellen in Frage. Als visuelle Reize können Sie Bilder oder Lichtsignale verwenden; akustische Reize lassen sich durch Musik oder Tonsignale erzeugen. Nachdem Sie sich entschieden haben, welche Reizquelle Sie einsetzen möchten, konzentrieren Sie sich auf den gewählten Reiz und lassen gewissermaßen nebenbei die Gedanken, Bilder und Gefühle fließen, deren Energie Sie fortan prägen soll. Diese Gedanken, Bilder und Gefühle kann man einfach in sich bewegen; man kann auch passende, solche Gefühle auslösende Sätze lesen, sich vorlesen lassen oder von einer (selbst besprochenen) Kassette abspielen. Damit diese Gedanken und Bilder sich im Unterbewußtsein verankern können, ist es auch hier von herausragender Wichtigkeit, daß man sich vollkommen mit ihnen identifizieren kann, sie möglichst konkret, mit viel Gefühl, vergegenwärtigt und sich dabei ganz auf den gewählten Reiz konzentriert, damit das Doppelreizprinzip auch aktiv ist.

Zu dieser Technik hier noch einige Beispiele:

Auf Tonkassetten und CDs kann man beide Reize kombinieren, den dominanten, der das Wachbewußtsein bindet und die kritische Schicht ablenkt, und den schwächeren Reiz, der unbemerkt Informationen ins Unterbewußtsein einschleust. Klangmuster und Musik stehen im Vordergrund, die verbalen Suggestionen im Hintergrund, so daß uns die Klänge führen und die gewünschte Information unauffällig im unterbewußten See verankert wird. Hierfür habe ich spezielle akustische Arrangements auf Kassetten und CDs entwickelt (s. Anhang): Die komplizierten Klang- und Rauschformen ziehen die Aufmerksamkeit des Hörers auf sich, während die verbalen Suggestionen für das Wachbewußtsein unauffällig eingeschleust werden.

Wenn Sie weniger technische Hilfsmittel vorziehen, können Sie auch beispielsweise eine Blume intensiv betrachten und sich einprägen, während Sie die gewünschten Bilder,

Gedanken und Gefühle vorüberziehen lassen oder jemand die betreffenden Sätze im Hintergrund vorliest.

Selbst ein spannender Film, den wir im Fernsehen betrachten, kann als dominanter Reiz genutzt werden: Absichtlich an einer besonders aufregenden Stelle wenden wir uns rasch vom Filmgeschehen ab und betrachten flüchtig das Blatt Papier mit unseren Glaubenssätzen, ohne uns dabei ganz vom Film zu lösen.

Mit Geduld und Zuversicht

Hat man sich erst einmal für die neuen Muster entschieden, die man in seinem Innern verankern möchte, so kann man auch verschiedene Methoden kombinieren, um die gewünschten Ideen, Bilder und Gefühle schneller und intensiver im Unterbewußtsein zu verankern. Beispielsweise können Sie sich nach der Doppelreizmethode auf den Anblick einer Blume konzentrieren, dabei im Geiste die gewünschten Bilder und Sätze vorüberziehen lassen und diese zusätzlich an Ihre Wunschschnur koppeln, die Sie währenddessen durch die Finger gleiten lassen.

Wichtig für den langfristigen Erfolg ist bei alledem aber auch, daß man sich unter keinen Erwartungsdruck setzt. Gestalten Sie also den zeitlichen Rahmen für die Verwirklichung der neuen Muster großzügig und flexibel. Bedenken Sie, daß die neuen Glaubenssätze in Ihrem Unterbewußtsein zwar sofort wirken; diese Wirkung kann sich aber an Ihnen selbst und in Ihrem Umfeld erst dann zeigen, wenn die neuen Energien kraftvoller als die alten geworden sind. Daher ist es keineswegs ratsam, die Erfolge ständig zu überprüfen, solange am Anfang noch keine Anzeichen einer Veränderung zu sehen sind. Solche «Tests» bauen nur Zweifel auf, welche die neuen Energien schwächen und die alten stärken. Auch wenn die neuen Energien allmählich Wirkung zeigen, spürt man diese Änderungen anfangs nur ein wenig, und selbst sie sind vorerst nicht dauerhaft. Vorübergehende Rückfälle oder Rückschritte sind vielmehr normal und sollten kein Anlaß zu Sorge oder Zweifel sein.

Wenn wir unsere geistigen Energien kraftvoll in unserem Unterbewußtsein verankern wollen, können wir mit den oben angesprochenen Methoden vorbei an unserer kritischen Schicht, die das Wach- vom Unterbewußtsein trennt, direkt Energien in den unterbewußten See einfließen lassen. Da diese so stark wie möglich sein sollten, wollen wir mit der folgenden Übung lernen, die Intensität verschiedener Muster zu erhöhen. Die bewußte Auswahl eines günstigen Umfeldes tut dann ein übriges, um die neuen Energien auch in uns zu stärken.

Übung: Konzentration geistiger Energien

Auch wenn es im vorliegenden Buch hauptsächlich um die Energie des Geldes geht, dürfen wir nicht übersehen, daß das Geld selbst nur ein Symbol für eine Vielfalt und Vielzahl von Energien ist und unsere wirtschaftlichen Verhältnisse nur einen – wenn auch wichtigen – Bereich unseres Lebens darstellen. Daher möchte ich an dieser Stelle eine Übung vorschlagen, um in unserem Innern bewußt ein umfassendes Energiemuster zu gestalten, das wir in unserem Leben manifestieren wollen – ein Muster, das über den Bereich der finanziellen Umstände und Geldenergien hinaus alle wichtigen Lebensumstände und -aspekte umfaßt. In dieses Muster lassen wir also alle Gefühle und Gedanken, Erwartungen und inneren Bilder einfließen, die wir in uns tragen sollten, um selbst so zu werden, wie wir sein möchten, und die entsprechenden Lebensumstände anzuziehen. Denn jede Veränderung beginnt in unserem Inneren.

Innere Vorbereitung

Die Bilder für das neue Lebensmuster sollten aussagekräftig sein und Gefühle hervorrufen. Die Gefühle sollten lebendig und kraftvoll sein, und wir selbst sollten uns in unseren Bildern so erleben, als ob sie jetzt bereits auch äußere Wirklichkeit wären. Wie Schauspieler versetzen wir uns ganz in die neue Rolle hinein und versuchen, uns völlig damit zu identifizieren. Wichtige Aspekte können wir konkret ausgestalten, andere offenlassen, damit uns genügend Spielraum für günstige Veränderungen bleibt. Denn nicht alles, was für uns gut ist, können wir uns bereits vorstellen, weshalb wir auch Raum für das noch Unvorstellbare lassen sollten.

Wichtig ist, daß die Bilder und Gefühle aus den verschiedenen Lebensbereichen zusammenpassen und eine harmonische Energiestruktur bilden. Wir können Menschen oder Menschentypen in unsere Wunschbilder einschließen, aber die Verwirklichung unserer Wünsche darf nicht von bestimmten Personen abhängig sein. Wer zu unseren neuen Energiemustern paßt, soll von diesen angezogen werden, auch wenn wir die betreffenden Personen noch nicht kennen. Wer nicht dazu paßt, kann nicht an unserem neuen Leben teilhaben und muß zurückbleiben.

Auch die Art und Weise, wie unsere Ziele und Vorstellungen erreicht werden, sollte offenbleiben, damit wir uns nicht auf bestimmte Wege festlegen, sondern auch hier für das noch nicht Vorstellbare Raum bleibt.

Fragen zur leichteren Auffindung der neuen Muster

Zwischenmenschliche Beziehungen

- Wie sollen sie beschaffen sein, welche Bedeutung sollen diese Beziehungen für mich haben?
- Mit wie vielen Menschen möchte ich Kontakt pflegen?
- Möchte ich eher mit weiblichen oder mit männlichen Personen zusammensein?
- Was sollen mir diese Beziehungen geben?
- Was möchte ich in diesen Beziehungen geben?
- Welche Art von Menschen möchte ich als Bekannte und Freunde haben?
- Wieviel Zeit möchte ich diesen Beziehungen widmen?

Partnerschaft

- Welche Rolle sollte in meinem Leben eine Partnerschaft spielen?

- Möchte ich eine intensive oder eher eine lockere Partnerschaft, eine feste oder mit wechselnden Partnern?
- Was soll mir die Partnerschaft geistig und körperlich geben?
- Wie groß sollen Vertrautheit und Gemeinsamkeit bzw. Privatsphäre und persönlicher Freiraum sein?
- Welche wichtigen Eigenschaften und Merkmale soll mein Partner haben?
- Wie möchte ich mich in der Partnerschaft fühlen?
- In welchem äußeren Rahmen soll sich meine Partnerschaft entwickeln?

Beruf
- Soll mein Beruf für mich Broterwerb oder Selbstausdruck sein?
- In welchen Lebensbereichen ist Erfolg für mich wichtig, und wie soll er sich ausdrücken?
- In welchem Verhältnis sollen Arbeit und Freizeit stehen?
- Welche finanziellen Ansprüche habe ich?
- Inwieweit sollen diese durch den Beruf befriedigt werden?
- Was sollen die anderen Menschen über meinen Beruf denken?
- Welchen Wert oder welche Bedeutung hat mein Beruf für mich und für andere?
- Wie möchte ich mich morgens fühlen, wenn ich an meine Arbeit denke, und wie abends, wenn sie für diesen Tag abgeschlossen ist?

Gesundheit und körperlicher Ausdruck
- Wie möchte ich mich in meinem Körper fühlen?
- Wie möchte ich mich durch meinen Körper ausdrücken?
- Wie sollen andere Menschen auf meinen Körper reagieren?

- Was bedeutet es für mich, gesund zu sein?
- Wie spiegelt mein Körper meine geistigen Einstellungen wider?
- Wie möchte ich mich um meinen Körper kümmern?
- Was sollen die besonderen Merkmale meines Körpers sein?

Wohnen

- Wie möchte ich mich in meiner Wohnung fühlen?
- Wie möchte ich meine Persönlichkeit in meiner Wohnung ausdrücken?
- Wie sollen andere Menschen über meine Wohnung denken?
- Wie soll mein Wohnbereich meine Lebenshaltung spiegeln?
- Welche besonderen Merkmale sollen ihn prägen?
- Wieviel Zeit möchte ich in meiner Wohnung verbringen, allein und mit anderen Personen?

Lebensziel

- Was möchte ich über mein Leben sagen könne, bevor ich aus ihm scheide?
- Welchen Sinn hat dieses Leben?
- Welche Erfahrungen möchte ich machen, welche Lernprozesse durchlaufen?
- Welche Lebensaspekte möchte ich mit anderen Menschen teilen?
- Was sind die wichtigsten Aspekte meines Lebens, welche Bedeutung sollen sie für mich haben?
- Welche Menschen sollen für mich wichtig sein?

Empfehlungen zur Verankerung des neuen Energiemusters

- Malen Sie die gefundenen Bilder auf großformatige Blätter, und bringen Sie diese an einem Ort an, wo Sie immer wieder auf sie aufmerksam werden.
- Schreiben Sie die gewünschten neuen Muster in kurzen Sätzen nieder, und bringen Sie diese Blätter neben den Bildern an. So werden Sie immer wieder daran erinnert und die entsprechenden Energien aktiviert.
- Nehmen Sie sich unbedingt genügend Zeit, um die neuen Muster aufzufinden und in sich lebendig werden zu lassen. Geben Sie sich intensiv in allen Lebensbereichen den gewünschten Gefühlen und Vorstellungen hin.
- Betrachten Sie ganz genau jeden einzelnen Lebensbereich, und identifizieren Sie sich mit denjenigen Energien und Gedanken, Bildern und Gefühlen, die den gewünschten Zielen des jeweiligen Bereiches entsprechen.
- Wiederholen Sie die Sätze, mit denen Sie Ihre neuen Muster formuliert haben, in Gedanken immer wieder: Bereits die täglich fünfmalige Wiederholung eines Gedankens nährt und verankert diesen energetisch soweit im Bewußtsein, daß er über kurz oder lang zu dessen Bestandteil wird.
- Stärken Sie Ihr Vertrauen in die Verwirklichung der neuen Muster, indem Sie äußere Zeichen setzen, die erste kleine Erfolge suggerieren. Als Zeichen von mehr Großzügigkeit uns selbst und dem Leben gegenüber, die wir ja erwarten und wollen, bestellen wir zum Beispiel nicht eine Kugel Eiscreme für DM 1,20, sondern einen großen Eisbecher für DM 6,50. Statt einem Trinkgeld von acht Prozent geben wir spendable 15 Prozent, zumindest von Zeit zu Zeit. So nehmen wir die erwartete Zukunft symbolisch vorweg

bzw. drücken uns selbst gegenüber unser Vertrauen aus, daß diese Großzügigkeit auch kommen wird. Dadurch vermitteln wir uns das Gefühl, uns dem neuen Ziel entschieden zu nähern, und schwächen alte Verhaltensmuster. Diese Zeichen sind auch für andere Personen wichtig, die darauf reagieren, uns entsprechende Energien zurückschicken und unsere Energien damit mehren.

- Lassen Sie die gewählten Energien auf sich wirken, bewegen Sie sie in Ihrer Phantasie, und identifizieren Sie sich immer mehr damit, um sie ganzheitlich in sich zu erleben.
- Wie Sie am besten die Intensität der Ideen und Bilder steigern, ist von Ihren persönlichen Vorlieben abhängig und bleibt Ihnen überlassen. Sie können sich diese Muster in Ihrer Vorstellung ausmalend schildern wie ein Erzähler, die Bilder und Szenen wie einen inneren Film betrachten oder sich in tiefer Entspannung mit den einzelnen Bildern und Gefühlen identifizieren, um sie dann einfach loszulassen.[4]

[4] Für die letztgenannte Möglichkeit empfehle ich unterstützend auch die CD-Übung «Aktive Lebensgestaltung» (s. Anhang, S. 188).

5. Stufe

Richtiges Geldbewußtsein: Sieben bunte Luftballons für Erfolg und Reichtum

Auch im Unterbewußtsein herrscht, wie gesagt, das energetische Dominanzprinzip: Jegliche Informationen, Einstellungen oder Muster aus unserer Vergangenheit sind im unterbewußten See energetisch verankert. Ob diese Erinnerungen in Form von Gefühlen, Gedanken oder Bildern gespeichert sind, ist dabei gleichgültig. Entscheidend ist, daß die im See gespeicherten Energien aus zwei Aspekten bestehen: der *Information* der Energie einerseits und der an diese gebundenen Energiemenge oder *Intensität* andererseits.

Das Ballonzimmer unserer Psyche

Stellen wir uns einmal vor, unser Bewußtsein wäre ein großer Raum, gefüllt mit Ballons in unterschiedlichen Farben. Die Ballons in diesem Beispiel wären die energetischen Muster, die wir im Laufe unseres Lebens aufgenommen haben und die jetzt den Raum unseres Bewußtseins einnehmen. Einen Teil dieser Ballons kennt auch unser Ich; diese Muster unseres Wachbewußtseins erkennen wir und gehen bewußt und gezielt mit ihnen um. Einen weiteren Teil der Ballons aber erkennen wir nicht: Diese wirken unbewußt auf unser Denken, Fühlen und Handeln und bestimmen so energetisch unser Unterbewußtsein.

Ballons bestehen aus der Hülle mit ihrer jeweiligen Farbe und aus der Luftmenge, mit der sie aufgeblasen sind. In diesem Beispiel entspricht die Farbe der Ballons der Information unserer Energiemuster, also deren Qualität; die Luftmenge im Ballon aber entspricht ihrer Intensität oder Energiemenge, die sie in sich tragen und die ihre Wirksamkeit bestimmen. Ein dick aufgeblasener Ballon nimmt in unserer Psyche viel Raum ein und ist entsprechend dominant. Je mehr Luft er verliert, desto weniger wirksam ist er – bis er irgendwann leer und bedeutungslos zu Boden sinkt. Seine Farbe oder Qualität ist zwar immer noch vorhanden, aber sie wirkt nicht mehr, weil der Raum, den er in uns besetzt hatte, nun von anderen Ballons eingenommen wird.

Ein solcher dicker Energieballon ist immer wirksam: Man kann ihn nicht verdrängen, indem man so tut, als ob er nicht vorhanden wäre. Also muß man seine Intensität verringern, indem man die Luft herausläßt. Das aber ist nur möglich, wenn man die Luft in einen anderen Ballon umlenkt und diesen mit der entwichenen Energie aufbläst. Wollte man die Luft einfach herauslassen, also die Energie des alten Ballons freisetzen, ohne ihr eine neue Richtung zu geben, so würde sie immer wieder in den alten Ballon zurückströmen. Daher müssen wir neue Ballons schaffen, um der schöpferischen Energie in uns eine neue Richtung zu geben.

Enthält der Raum unseres Bewußtseins überwiegend Ballons in dunklen Farben, so prägen diese Informationen der Energiemuster entsprechend düster unsere Stimmung und Erwartungshaltung gegenüber dem Leben. Ballons in hellen und freundlichen Farben dagegen verleihen uns eine positive Haltung, die uns das Leben leicht angehen läßt.

Deaktivierung alter Ballons und Erzeugung neuer Ballons

Bei vielen von uns wurde der Raum ihrer Psyche in der Vergangenheit mit Ballons in finsteren Farben gefüllt, die entsprechend in uns wirkten und Erfahrungen und Umstände anzogen, die uns das Leben nicht leichter machten. Aber es hilft nichts, sich über diese Ballons zu beklagen, und es hilft ebensowenig, des langen und breiten zu untersuchen, wer uns diese Muster wann und aus welchen Gründen eingeflößt hat: Jede Art von Auseinandersetzung mit ihnen nährt sie nur mit noch mehr Energie, da sie unsere Aufmerksamkeit dorthin richtet und somit unsere geistigen Energien dorthin zu fließen beginnen. Statt dessen müssen wir nun entscheiden, ob wir diese Ballons weiterhin haben und uns von ihnen bestimmen lassen wollen – oder ob wir uns lieber auf die Suche nach neuen, fröhlichen Ballons machen möchten, die zum einen unsere Stimmung und unser Energieniveau heben, zum anderen hinausstrahlen und erwünschte Menschen und Umstände zu uns ziehen. Denn nach dem Resonanzprinzip ziehen wir immer das an, was wir ausstrahlen.

Die alten Ballons in finsteren Farben, die durch irgendwelche Erfahrungen in der Vergangenheit entstanden sind – Enttäuschungen, Verletzungen, Verluste und so weiter –, werden immer ein Teil unserer Erfahrung bleiben. Aber wir können frei entscheiden, welche Bedeutung wir ihnen noch beimessen und inwieweit sie uns noch beeinflussen können. Je entschiedener wir ihre Bedeutung verringern, je energischer wir unsere Konzentration auf neue Ballons und ihre Inhalte richten, desto mehr Energie wird aus den alten Ballons abgezogen und in die neuen Ballons umgelenkt.

Wie man diese neuen, bunten, unserem Selbst und unseren Sehnsüchten angemessenen Ballons in das Unterbewußtsein einschleust, habe ich im voranstehenden Kapitel erläutert. Nun gilt es, die neuen Muster energetisch zu nähren und die alten konsequent mit Mißachtung zu strafen. Hierfür ist es erforderlich, daß wir unsere gesamte Wahrnehmung auf unser neues Ziel und unsere neue Einstellung ausrichten, damit alle Energie nur noch dorthin fließt. Haben wir vorher geglaubt, daß Geld schlecht sei, müssen wir fortan unsere gesamte Wahrnehmung auf unsere neue Einstellung ausrichten: Geld ist nichts anderes als ein Tauschversprechen oder das Symbol eines energetischen Rückflusses, also an sich weder gut noch schlecht; wenn ich aber viel Geld verdiene, so beweist das, daß ich mir meiner Werte bewußt bin und auch für andere Menschen wertvoll bin, was ja gewiß nichts Schlechtes ist.

Wenn wir auf diese Weise unsere Wahrnehmung ausrichten und unsere neuen Inhalte energetisch nähren, werden die bunten Ballons schon in kurzer Zeit zu praller Größe anwachsen, die alten, finsteren Ballons aber zu Mumien einzuschrumpfen beginnen. Damit haben wir die alten, uns eingeschriebenen Erfahrungen und Gefühle zwar nicht gelöscht, was unmöglich wäre, aber deaktiviert und ihrer Macht über unser Denken, Handeln und Fühlen beraubt.

Auf den nächsten Seiten möchte ich Ihnen eine Reihe solcher neuer, heller Luftballons präsentieren (s. a. Abb. S. 128). Gewiß muß ein jeder die Ballons (Inhalte, Gefühle, Gedanken, Überzeugungen usw.) finden, die ihm oder ihr persönlich angemessen sind. Aber wer einige Ballons aus der folgenden kleinen Parade in sein Unterbewußtsein einschleusen kann, hat damit sicherlich schon einen entscheidenden Schritt zum finanziellen Erfolg getan. Diese Ballons sollen pralle, kraftvolle Energiekugeln werden, die uns die besten Voraussetzungen schaffen, unsere düsteren, aus der Vergangenheit mitgeschleppten Ballons zu deaktivieren und an die Wand zu drängen: Bald wird man sie zwischen den großen, leuchtend bunten Bällen kaum mehr sehen, bis sie schließlich schlapp zu Boden sinken.

Wer die im folgenden aufgeführten Energieballons in seinem Innern trägt, kann sie dorthin ausrichten, von wo er einen Rückfluß anziehen will. Sie können eine immense Sogkraft entfalten, so daß scheinbar unüberwindliche Türen wie von selbst aufspringen und Schätze hervorquellen, auf einen zuströmen, die man bislang für unerreichbar hielt.

1. Ballon: Ich ziehe so viel Energie an, auch in Form von Geld, daß ich mich ausdrücken kann, wie ich es möchte.

Dieser Satz drückt eine innere Einstellung aus, in der man sich seiner Werte bewußt ist und diese auch entschieden zum Ausdruck bringen will. Unsere Überzeugungen setzen geistige Energien in Bewegung, also innere Bilder, Gedanken und insbesondere Gefühle, die nicht nur unser eigenes Energiesystem prägen, sondern auch über unsere Körpergrenzen hinaus nach außen strahlen und in unserem Umfeld wirken. Diese Energien nannte Daskalos, der «Magus von Strovolos», in einer treffenden Wortschöpfung «Elementale». Tatsächlich schaffen diese elementaren Urkräfte, entsprechend ihrem Inhalt, unsere persönliche Wirklichkeit. Daher sollten wir uns immer wieder bewußtmachen, daß alle geistigen Ballons, die wir in uns tragen, diese prägenden Urkräfte ständig aussenden und sich unsere persönliche Lebenserfahrung zwangsläufig um diese allgemeine Lebenserfahrung herum bildet.

Was wir denken und fühlen, ist ein Magnet, der unseren inneren Energien entsprechende äußere anzieht. Die Konsequenz dieser Einsicht sollte uns allerdings auch klar werden: *Alles*, was wir mit hinreichender Intensität denken und fühlen, ruft nach dem Resonanzprinzip eine entsprechende Wirkung in der äußeren Welt hervor.

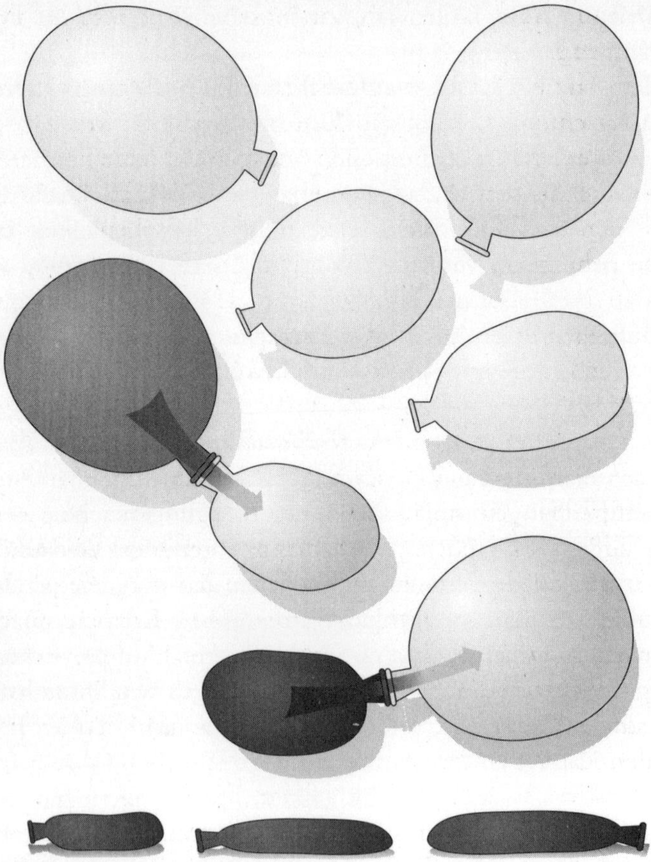

«Das Ballonzimmer unserer Psyche»
Die hellen Ballons repräsentieren Einstellungen und Erinnerungen, die sich auf unser Handeln günstig auswirken, die dunklen Ballons dagegen hemmende Bewußtseinsmuster. Indem die Energie hemmender Muster in neue positive Inhalte geschleust wird, geben wir unserer schöpferischen Energie eine uns gemäße Richtung. Die dunklen, zu Boden gesunkenen und entleerten Ballons repräsentieren deaktivierte negative Muster.

2. Ballon: Geld steht mir zu jeder Zeit reichlich zur Verfügung.

Diesen Satz benötigen wir insbesondere am Anfang unserer Neuausrichtung in unserem Unterbewußtsein, weil er die vielen alten, auf Geld bezogenen Angstsätze ausgleichen muß: «Ich habe Angst, Geld zu verlieren ... Angst, zu wenig zu verdienen ... Angst, mich selbständig zu machen, weil ich pleite gehen und verarmen könnte ... Angst, bestohlen zu werden ...» Dieser neue, helle Ballon, den wir jetzt erzeugen und dagegensetzen, behauptet das genaue Gegenteil: «Ich bin sicher, daß ich immer genügend Geld haben werde.»

Wenn wir uns diesen Satz im Vorgriff auf künftige Erkenntnisse und Erfolge ins Unterbewußtsein einprägen, sollten wir allerdings auch bedenken, daß es sich vorerst um ein Skelett handelt, das noch mit Fleisch und Blut versehen werden muß: «Geld steht mir zu jeder Zeit reichlich zur Verfügung, weil ich es verdient habe.» Ohne das tief verwurzelte Gefühl, daß man es wirklich verdient hat, können solche Affirmationen natürlich nicht funktionieren. Auf die Erzeugung dieses Gefühls, die Techniken der Entwicklung von Selbstbewußtsein und Selbstwertgefühl, komme ich im folgenden Kapitel zu sprechen.

3. Ballon: Alles ist in ständigem Austausch begriffen: Was ich aussende, fließt zu mir zurück; was ich bewirke, wirkt auch auf mich.

Indem wir diesen Satz verinnerlichen, schulen wir nicht zuletzt unsere Wahrnehmung dafür, daß alles, was wir erleben, ein Spiegel der Energien ist, die wir in uns tragen. Je bewußter einem dieser Zusammenhang ist, desto leichter erkennt man Energien, die in einem entstehen. In einem zweiten Schritt kann man dann entscheiden, ob man diese Energien fördern, blockieren oder umgestalten möchte.

Denn bei alledem geht es immer auch darum, die Wirklichkeit unter Kontrolle zu bringen, was jedoch voraussetzt, daß wir zunächst einmal die Ausstrahlung, Information und Intensität der von uns ausgesandten Energien kontrollieren und bewußt gestalten. Da sich jede Idee, jedes Gefühl, jeder Gedanke in der Außenwelt widerspiegelt, sind wir alle gut beraten, in unserem Raum der Gefühle Ordnung zu schaffen und zu halten, also nur die Ballons zu hegen und zu pflegen, die wir dort haben wollen – und alle anderen an die Wand zu drängen, ihnen die Energie zu entziehen.

4. Ballon: Indem ich mich selbst liebe, zu jeder Zeit, an jedem Ort, wirke ich auf andere und bin erfolgreich.

Wer erfolgreich zu sein versucht, indem er sich kritiklos anpaßt, wird in aller Regel scheitern – davor warnt dieser vierte Satz. Denn das Gegenteil trifft zu: Wer nur die Erwartungen anderer erfüllt, vor dem empfindet niemand Achtung, und dem traut man auch nichts Eigenes zu. Denn er zeigt keinerlei Persönlichkeit und wird immer unverstanden sein.

Wer dagegen die in seiner Persönlichkeit schlummernden Möglichkeiten entfaltet, der wird einzigartig werden, und wer einzigartig ist, der ist auch konkurrenzlos und somit erfolgreich. Ihm steht die Welt offen, während der Angepaßte, der Nachahmer und Trittbrettfahrer ständig in der Masse seinesgleichen unterzugehen droht: Warum auch sollte an ihm, ausgerechnet an ihm Bedarf bestehen?

Wer also überdurchschnittlich erfolgreich sein will, darf keine Anstrengung scheuen, seine individuellen Potentiale zu nutzen mit dem Ziel, einzigartig zu sein. (Das setzt natürlich wiederum voraus, daß wir uns unserer individuellen Werte und Talente bewußt sind, also unser Selbstbewußtsein und Selbstwertgefühl entwickelt haben; darauf komme ich im folgenden Kapitel zu sprechen.) Wer einen Bedarf stillen kann und zudem unverwechselbar ist, zu dem fließt das Geld (und andere Formen von energetischem Rückfluß) in breitem Strom, anstatt sich in vielen kleinen Rinnsalen in der Masse der Angepaßten zu verlieren.

5. Ballon: Meine Sicherheit finde ich in mir und meinem Selbstausdruck; ich bin unabhängig und frei.

Dieser Satz soll uns daran erinnern, daß wir langfristig nur dann Ruhe in uns finden, wenn wir darauf vertrauen, daß wir zu jeder Zeit, an jedem Ort Werte in Austausch bringen können, die dann als Rückfluß umgewandelt zu uns zurückkehren. Bitte vergegenwärtigen Sie sich, was ich oben als Geheimnis des Erfolges bezeichnet habe: Wer selbst zu Geld wird, braucht im Grunde keines mehr.

Wer seine Sicherheit in äußeren, materiellen Werten wie Immobilien, Sachvermögen oder was auch immer sucht, hat ein Selbstwertproblem: Warum sonst würde er seine Sicherheit im Außen suchen statt bei sich selbst? Wer dagegen zu seinem eigenen Kapital wird, der wird langfristig überragende wirtschaftliche Erfolge erzielen. Außerdem erzeugt natürlich jede Form von Sicherheit, die ich im Außen suche, Angst – Angst, diese äußere Sicherheit auch wieder verlieren zu können, denn in der Außenwelt gibt es keine unveränderliche Sicherheit.

6. Ballon: Ich will mein Leben in Reichtum und Überfluß genießen.

Wer seine Lust nicht zu leben vermag, der wird lüstern: Er entwickelt eine übersteigerte Sehnsucht nach Lust, doch er drückt diese nicht aus, die Energie bleibt blockiert. Zumindest wird er es immer schwer haben, seine Energie kraftvoll auf ein Ziel hin auszurichten, das er langfristig erreichen will. Dieser Zustand erzeugt Streß. Jeder von uns kennt diese

Streßmenschen, die angeblich keine Zeit haben, auszugehen und sich zu vergnügen, weil sie immer arbeiten müssen. Nicht lange, und sie müssen zwangsweise aussetzen: Ihre Energien sind verbraucht, und sie können sie nicht erneuern, weil sie nicht lustvoll leben.

Wer dagegen genießen kann, der vermag auch jederzeit genügend Motivationskraft zu mobilisieren. Er bringt seine Lust und Energie in Aktion; in der Aktion, im Genießen entsteht neue Motivation, und mit dieser kann er seine Energien immer wieder so ausrichten, daß sie in umgewandelter Form auch zu ihm zurückfließen, um noch mehr Genuß zu ermöglichen. Der Genießertyp ist langfristig weitaus erfolgreicher als der Workaholic, der letzten Endes gar nicht sagen könnte, für welches Ziel er sich derart schindet.

7. Ballon: Alle Macht liegt in mir und in der Gegenwart.

Was immer in der Vergangenheit geschehen sein mag, wir haben *heute* die Möglichkeit, alles zu verändern und neue Energien aufzubauen. Wir sind keine Opfer dessen, was gestern war; unsere gegenwärtigen Energien hängen nicht von Geschehnissen der Vergangenheit ab. Denn wir sind ja jetzt imstande, unsere Gedanken und Gefühle zu ändern und unser Unterbewußtsein neu zu prägen. Wer dagegen andauernd Trost in seinen Erinnerungen sucht oder die Schuld für seine heutigen Probleme auf vergangene Vorfälle schiebt, der beraubt sich selbst der Möglichkeit, sein Unterbewußtsein umzugestalten und seine Energie so auszurichten, wie es seiner Persönlichkeit und seinem Potential entspricht. Anstatt seine neuen Einstellungen und die ihm gemäßeren Muster energetisch zu nähren, päppelt er stets aufs neue jene alten, finsteren, ihn niederdrückenden Ballons auf. So bleibt er in den Fängen der Vergangenheit und verurteilt sich selbst dazu, auch seine Zukunft immer nur als Wiederholung des einstigen Unheils zu erleben. Denn für neue Erfahrungen gibt es in ihm gar keinen Platz.

Wenn wir dagegen erkennen, daß unsere Gedanken und Gefühle nicht zu unserer Persönlichkeit gehören, daß wir vielmehr frei sind, uns von ihnen zu trennen und sie durch andere, zu uns passenden Bildern und Gedanken zu ersetzen, können wir die Kontrolle über unsere inneren Energien und damit auch über unsere Wirklichkeit, über uns selbst und unsere Gegenwart erlangen.

6. Stufe
Aufbau von Selbstbewußtsein und Selbstwertgefühl

Vergegenwärtigen wir uns noch einmal die Schlüsse, die wir zuvor aus der kleinen Geschichte des Geldes gezogen haben: Wer zum Markt geht, muß etwas ganz Besonderes zu geben haben, und es muß eine Sache oder Dienstleistung sein, für die dort auch ein Bedarf besteht. Diese beiden Aspekte muß man ständig im Auge behalten, wenn man finanziellen Erfolg erzielen will:

Was ich anbiete, kann von einzigartiger Qualität sein, und trotzdem wird niemand es mir abkaufen, wenn die Menschen, denen ich es offeriere, keine Verwendung dafür haben. Umgekehrt kann der Bedarf an einer Sache, die ich anbiete, noch so groß sein – wenn meine Qualität gering ist, werde ich mit meinem Angebot trotzdem keinen großen Erfolg haben.

Unter welchen Voraussetzungen aber sind wir wirklich gut und zu hoher Qualität imstande? Die Antwort ist wiederum sehr einfach: Wenn wir genau das tun und anbieten, was unserem Selbst und unseren Fähigkeiten möglichst ideal entspricht. Daraus aber ergibt sich eine weitere Frage, auf die man schon schwerer eine Antwort findet: Wie bekomme ich heraus, welche Fähigkeiten ich habe und welche Tätigkeit meinem Selbst in besonderem Maße angemessen ist? Um das herauszufinden, muß man auch die vorletzte Stufe des Weges zu Wirklichkeitskontrolle und wirtschaftlichem Erfolg noch meistern, die aus drei Teilen besteht:

- sich sein Selbst bewußt machen
- Selbstbewußtsein aufbauen
- Selbstwertgefühl entwickeln

Anschließend können wir auch die siebte und letzte Stufe auf dem Weg zum Erfolg bewältigen und unser Fremdwertgefühl entwickeln: ein untrügliches Gespür dafür, an welchen der uns innewohnenden Werte bei welchen Menschen ein Bedarf besteht.

Erster Schritt: Auf der Suche nach dem Selbst

Auf den bisher gemeisterten Stufen haben wir noch kein Selbstbewußtsein aufgebaut, sondern sozusagen erst ein Bewußtsein für unser Unterbewußtsein entwickelt, um alte unterbewußte Inhalte klären und neue verankern zu können. Unser Selbst ist aber sehr viel größer als unser Unterbewußtsein, und entsprechend umfaßt das Selbstbewußtsein weitaus mehr als jenen unterbewußten See und die Summe aller Energieballons, die wir bisher untersucht haben.

Was verstehen wir unter dem Selbst? Es umfaßt

- alles, was wir in dieses Leben mitgebracht haben (unsere Grundpersönlichkeit mit ihren Sehnsüchten und Fähigkeiten sowie unseren Instinkt mit seiner Überlebensintelligenz),
- alles, was wir und unser Umfeld daraus gemacht haben

(Erziehung und Erfahrung, die unseren unterbewußten See geprägt haben),
- alles, was an Unausgeschöpftem noch in uns steckt (unser Potential, das wir entdecken und entfalten können, wenn wir die Grenzen unseres unterbewußten Sees überschreiten).

Entsprechend bedeutet «Selbstbewußtsein», daß ich mir all dieser Aspekte meines Selbst, bezogen auf Vergangenheit, Gegenwart und Zukunft, bewußt bin. Selbstbewußt bin ich dann, wenn ich sagen kann: Ich weiß um mein Selbst, seine Eigenschaften, Möglichkeiten und seinen gegenwärtigen Ausdruck im Leben.

Wie aber kann man sich seines Selbst bewußt werden, und wie kann man über den Aufbau eines solchen Selbstbewußtseins auch ein Gefühl für seinen Selbstwert entwickeln? Zu dieser Selbsterforschung bedienen wir uns zunächst einfacher Fragen, beginnend mit der so schlichten wie tiefgründigen Überlegung: *Wer bin ich?*

Fragen wie diese beschäftigen die Philosophen seit Jahrtausenden. Wir wollen uns hier jedoch nicht in abstrakten Reflexionen verlieren, sondern formulieren die konkretere Frage: *Wie äußert sich mein Ich?* Unter anderem äußert es sich durch

- meine Gedanken und Gefühle,
- meine Fähigkeiten und Eigenheiten,
- meine Phantasie,
- meinen Lebensstil,
- mein Lebensziel,
- meine geistigen und körperlichen Möglichkeiten,
- meine Art, mit mir, der Welt und anderen Menschen umzugehen.

Alles, was ich bin, wird erst im Ausdruck richtig lebendig; Energie ist immer nur in der Aktion erkennbar. Will ich mein Ich erkennen, so muß ich folglich beobachten, wie es sich in geistigen und körperlichen Aktionen verhält. Auf diese Weise kann ich die Wirkungskräfte, die ich in Bewegung setze, beschreiben. Denn letztlich umfaßt mein Ich einerseits meine Art und Weise, Energie zum Ausdruck zu bringen, und andererseits die Energiemuster, also deren Inhalt, den es zum Ausdruck bringt.

Die Frage *Wer bin ich?* meint demnach mit anderen Worten: *Was bewirke ich?* Welche Energien fließen aus mir heraus, und was bewirken sie? Nur wer nach den wirkenden Kräften sucht, kann ihren Effekt in der Wirklichkeit finden und beschreiben, die ihrerseits ständig im Fluß ist, unablässig erneuert und umgestaltet wird.

Über die Frage nachzudenken, was ich bewirke, erfordert glücklicherweise keine philosophische Schulung, sondern lediglich die Bereitschaft und Geduld zu genauer, ehrlicher Beobachtung seiner selbst in Aktion. Und anders als das Bild eines statischen, unveränderlichen Ichs trägt die Vorstellung des wirkenden, aus fließenden Energien bestehenden Ichs stets auch das Potential der Veränderung in sich.

Die Frage *Wer bin ich bzw. was bewirke ich?* ließe sich demnach etwa so auffächern:

- Was bewirke ich? Und was würde ich gern bewirken?
- Was fühle ich? Und was würde ich gerne fühlen?
- Was denke ich? Und was würde ich gerne denken?
- Was tue ich? Und was würde ich gerne tun?
- Welche Spuren habe ich hinterlassen? Und welche würde ich gern hinterlassen?
- Was bewege ich in Menschen? Und was in mir wird von Menschen bewegt?

- Wie ist mein Rhythmus im Leben: gleichmäßig, stetig, schwankend zwischen Ruhe und Explosion? Und welchen Lebensrhythmus wünsche ich mir statt dessen?
- Worauf ist meine Aufmerksamkeit gerichtet? Und worauf soll meine Aufmerksamkeit künftig gerichtet sein?

Der Katalog solcher Fragen an das eigene Ich ließe sich ins Unendliche erweitern. Das Prinzip dürfte aber deutlich geworden sein: Es geht um den wechselseitigen Energiefluß zwischen mir und der Welt. Was bewirke ich in der Außenwelt, und was bewirkt diese in mir? Wenn Sie diesen Fragen systematisch und über einen Zeitraum von mehreren Wochen nachgehen, werden Sie feststellen, daß sich Ihr Ich in Aktion recht eindeutig beschreiben läßt.

Zweiter Schritt: Selbstbewußtsein aufbauen

Wie aber kann man in einem nächsten Schritt feststellen, ob dieses Selbst, das man da beobachtet und beschreibt, tatsächlich die Möglichkeiten und Fähigkeiten, Lebensziele und Lebensabsichten der Grundpersönlichkeit ausdrückt und lebt? Woher weiß ich, ob es sich nicht um irgendwelche mir von Dritten eingeflößten Absichten und Pläne handelt, die verfolgend ich meine Lebensaufgabe verfehle?

Ausgehend von der Vorstellung unseres Selbst als Gebilde aus wirkenden Energien, können wir nun auch diese Fragen leicht beantworten: *Was uns Energie gibt, entspricht unserem wirklichen Selbst, und was uns Energie raubt, ist unserer Grundpersönlichkeit nicht gemäß*. Wenn man sich einen beliebigen Aspekt seines Selbst (das man normalerweise als sein Ich erlebt) und seiner gegenwärtigen Lebensumstände vornimmt und die Frage stellt: «Gibt oder entzieht er mir Energie?», so erhält man damit fast untrüglich auch die Antwort, ob der betreffende Aspekt wirklich zu einem paßt oder ob man ihn nur angenommen hat, weil er einem irgendwann in der Vergangenheit suggeriert worden ist.

Ein Beispiel: Entspricht mein Beruf meinen Fähigkeiten und Möglichkeiten? So formuliert, scheint die Frage schwer zu klären zu sein. Fragt man sich aber statt dessen am Abend, wenn man von der Arbeit nach Hause kommt: «Habe ich mehr oder weniger Energie als heute morgen?», so kommt man der Antwort entscheidend näher – vorausgesetzt natürlich auch hier, daß man diese Selbsterforschung über einen Zeitraum von einigen Wochen betreibt. Mit ein wenig Übung spürt man, ob als Reaktion auf die Frage, die man sich gestellt hat, das Energieniveau in einem sinkt oder steigt.

Würde man sich dagegen fragen, ob etwas gut oder schlecht ist, ob es einen zufrieden stimmt oder nicht, dann wäre die Antwort wahrscheinlich trügerisch, weil vom unterbewußten See und seinen althergebrachten Sichtweisen und Glaubenssätzen beeinflußt: Ich finde gut, was meine unbewußten Überzeugungen gut finden. Dagegen aktiviert die Frage nach dem Energieniveau eher einen Modus neutraler Beobachtung.

Dieselbe Frage nach dem Energieniveau läßt sich natürlich auch auf alle anderen Lebensbereiche beziehen: «Wenn ich morgens erwache und neben mir meinen Partner sehe, mit dem ich mein Leben teile – geht mein Energielevel hoch oder runter?» Oder: «Wenn ein Freund anruft, steigt oder fällt unter dem Klang seiner Stimme mein Energieniveau?»

Legen Sie sich in allen Lebensbereichen konsequent diese Frage vor, und notieren Sie die (ungeschönte!) Antwort, so werden Sie feststellen, wieviel Selbstbewußtsein Sie durch diese klare energetische Betrachtungsweise schon nach zirka sechs Wochen gewonnen haben. Nehmen Sie sich jeden Tag zehn Minuten Zeit, lassen Sie abends vor dem Einschlafen den vergangenen Tag Revue passieren, und überlegen Sie: «Was habe ich heute gemacht? Welche Aktionen, Aspekte, Personen haben mir Energie gegeben, welche mir Energie geraubt?» Jeden Tag werden Sie einiges mehr über Ihr Verhalten, Ihren Ausdruck erfahren. Auch Ihre äußere Wirklichkeit wird in diesem Prozeß immer deutlicher werden, ein wahrer Prozeß der Erleuchtung, in dem sich überraschend vieles klären wird, was Ihnen bis dahin nebelhaft erschien, was Sie wie Naturereignisse einfach geschehen ließen, ohne zu überlegen, ob es wirklich zu Ihnen gehört.

Dritter Schritt: Selbstwertgefühl entwickeln

Wenn man auf diese Weise einige Wochen lang sein Selbstbewußtsein aufgebaut hat, beginnt die nächste Phase. Fragen Sie sich: «Welche Aspekte, Aktionen, Verhaltensweisen, die ich gefunden habe, möchte ich behalten? Welche ändern oder gänzlich abschaffen?»

Möglicherweise finden Sie heraus, daß sechzig oder siebzig Prozent aller Aspekte, die Sie beobachtet haben, zu Ihnen passen, Ihnen also Energie geben statt rauben. In diesem Fall wäre Ihr Selbstwert in dem Moment, da Sie dies herausfinden, bereits ziemlich groß, denn Sie könnten sich sagen: «So übel bin ich also nicht, im Gegenteil!» Aber auch wenn sich erweisen sollte, daß nur zwanzig oder dreißig Prozent der Aspekte, die Sie beobachtet haben, Ihnen Energie zuführen, besteht kein Grund zum Verzagen: In dem Augenblick, da einem der mangelhafte Selbstausdruck bewußt wird und man beschließt, dies radikal zu ändern, steigt der Energielevel bereits merklich an.

Der Grund hierfür ist ein Anwachsen des Selbstwertgefühls, das sich in dem Maße entwickelt, wie man Klarheit darüber gewinnt, was man will und was nicht, was einem entspricht und was nicht, was einem Energie zuführt und was einem Energie entzieht. Selbst die kleinste positive Veränderung lohnt sich also: Was immer Sie unternehmen, um Ihr Energieniveau zu steigern, und wäre es noch so wenig, wird mit einem entsprechenden Anstieg Ihres Selbstwertgefühls honoriert.

Das Selbstwertgefühl entspricht demnach der Schnittmenge zwischen dem idealen Selbst und dem realen Ich. Es beträgt hundert Prozent, wenn man von sich sagen kann: «Alles, was ich tue, gibt mir Energie» – ein Idealzustand, der freilich nur selten eintreten und noch seltener auf längere Frist zu wahren sein wird. Entsprechend beträgt das Selbstwertgefühl fünfzig Prozent, wenn die Hälfte alles dessen, was man tut, denkt oder fühlt, einem Energie gibt und die andere Hälfte einem Energie raubt. Je höher das Energieniveau, desto entwickelter auch das Selbstwertgefühl!

Am Ende des 7. und letzten Kapitels finden Sie einen weiteren ausführlichen Fragebogen, der Selbstbewußtsein, Selbstwertgefühl und Fremdwertgefühl zusammen thematisiert. Zuvor aber möchte ich noch drei Übungen vorschlagen, durch die wir gezielt unser Selbstbewußtsein und Selbstwertgefühl entwickeln können, ohne bereits die Frage des Fremd-, Markt- oder Tauschwertes einzubeziehen. Wenn wir unser Leben frei gestalten möchten, müssen wir Energien zur Verfügung haben und diese frei lenken können. Wir müssen wissen, wer wir sind, wie unsere Grundpersönlichkeit geartet ist und wie wir sie zum Ausdruck bringen können, ohne daß uns die von unserem Umfeld eingeflößten Einstellungen daran hindern können.

Affirmationen zur Entwicklung von Selbstwertgefühl

Es empfiehlt sich, diese Affirmationen, eine Bekräftigung unseres Selbstwertgefühls und gewissermaßen eine Absichtserklärung, abends und morgens mit viel Gefühl in sich zu bewegen:

Ich bin mir meiner Werte für andere Menschen bewußt und lasse sie in meinem Umfeld wirken.

Ich lasse dieses Selbstwertgefühl tief in den See meines Unterbewußtseins einsinken, damit es dort meine Gedanken und Gefühle entsprechend prägt.

Mein Selbstwertgefühl wird meine persönliche Wirklichkeit so gestalten, wie ich sie haben möchte und wie es gut für mich ist.

Um jedoch unsere Grundpersönlichkeit, unser wahres Ich, spüren und erkennen und entsprechend Selbstbewußtsein entwickeln zu können, müssen wir einen Bewußtseinszustand suchen, in dem unser unterbewußter See und der kritische Filter vor unserer Grundpersönlichkeit nicht aktiv sind. Solche Zustände können, wie erwähnt, in Meditation und Tiefenentspannung, aber auch durch die oben geschilderte Mehrfachreizmethode herbeigeführt werden (s. S. 113 ff.). Eine weitere Möglichkeit besteht darin, die natürlichen Entspannungsphasen während des Einschlafens und Erwachens zu nutzen, in denen unsere kritische Wahrnehmung ohnehin nicht mehr bzw. noch nicht aktiv ist.

Erste Übung: So bauen Sie Ihr Selbstbewußtsein auf

Mit Hilfe dieser Übung können wir eine möglicherweise vorhandene grundsätzliche Angst vor Veränderungen in unserem Leben abbauen und uns bewußt werden, daß alles zu jeder Zeit veränderbar ist. Die Zugänge zu unseren Fähigkeiten und Möglichkeiten sollen freigemacht, die Bereitschaft zum Selbstausdruck gefördert und die Motivation aktiviert werden, in unserem persönlichen Leben Grundlegendes zu verändern. Hierdurch beginnt sich ein tiefes Selbstbewußtsein und Vertrauen in die eigenen Kräfte zu entwickeln.

Vorbereitung: Versetzen Sie sich in einen Zustand tiefer Entspannung, oder wählen Sie eine dominante Reizquelle, wie im 4. Kapitel beschrieben. Stimmen Sie sich auf die nachfolgend genannten Ideen und Energien ein, die Sie ab jetzt prägen sollen. Bewegen Sie diese Ideen ganz leicht in Ihrem Innern, während Sie sich der Entspannung hingeben bzw. während Sie Ihre Konzentration auf die gewählte Reizquelle fixieren.

Um wirklich und nachhaltig Selbstbewußtsein aufzubauen, sollten Sie diese Übung anfangs ein- bis zweimal wöchentlich durchführen.

Die Energiesätze

- *Ich bin in meinem tiefen Wesen unbegrenzt, ewig und frei. Ich bin unbegrenzt, ewig und frei.*
- *Wechsel ist der natürliche Rhythmus des Lebens. Alles ist veränderlich und ändert sich.*
- *All meine Kraft liegt in der Gegenwart. Ich bin frei von der Vergangenheit. Ich bin frei in der Zukunft und kann sie im Jetzt neu gestalten.*

Wirkung: Wenn Sie diese Inhalte tief in sich einsinken lassen, werden Sie bald schon spüren, daß Sie entscheidungsfreudiger werden und an innerer Sicherheit gewinnen. Ihre Motivation wird wachsen, diejenigen Änderungen in Ihrem Leben anzustreben, die notwendig sind, damit Sie sich selbst ausdrücken können. Mit dieser inneren Einstellung schaffen Sie die Voraussetzungen, um Ihr Leben bewußt und kontrolliert so zu leben, wie Sie es leben möchten, wie es zu Ihnen paßt und sinnvoll ist.

Ergänzendes Hilfsmittel: Mittels der von mir entwickelten CD «Ich bin» (s. Anhang) können Sie diese Ideen in einem tief entspannten Zustand sanft in den See Ihres Unterbewußtseins einsinken lassen.

Zweite Übung: Wahres Selbst

Mit dieser Übung kann man sich für Impulse aus seiner Grundpersönlichkeit öffnen und folglich mehr Selbstbewußtsein gewinnen. Wir erkennen, wer wir sind und was unser Selbst zum Ausdruck bringen will. Unsere Lebensabsicht und Lebensziele werden erkennbar, indem wir beginnen, die Energien unseres Wesens zu spüren und zu verstehen, die uns durch unser Leben führen sollen. Je genauer wir diese Energien verstehen, desto besser können wir entscheiden, welche Ideen im See unseres Unterbewußtseins verankert werden müssen, damit wir unser Selbst vollkommen zum Ausdruck bringen können, und welche Energien wir dort ausgleichen oder umgestalten sollten, um ganzheitlich frei zu werden. Diese Übung dient vor allem dazu, die Erforschung unseres Ichs, wie sie zuvor in diesem Kapitel beschrieben wurde, während vielfältiger Aktionen vorzubereiten und zu begleiten.

Führen Sie diese Übung etwa alle zwei bis vier Wochen durch, um keinen Erwartungsdruck aufzubauen. Lassen Sie zu, daß die Antworten, die Ihr Selbst auf die nachfolgend genannten Fragen gibt, sich verändern und von unterschiedlicher Tiefe sein können.

Vorbereitung: Versetzen Sie sich in einen Zustand besonders tiefer Entspannung, entweder durch Meditation oder mit Hilfe der Doppelreizmethode, wie im 4. Kapitel beschrieben. Die Entspannung muß so tief sein, daß Ihre normale Kritikfähigkeit, das Denken und Fühlen Ihres Wachbewußtseins ausgeschaltet oder wenigstens eingeschränkt sind.

Fragen an mein Selbst

- Wer bin ich?

- Was sind meine wirklichen Wünsche? Was brauche ich in diesem Leben?
- Welche Qualitäten und Fähigkeiten habe ich?
- Mit welchen Menschen möchte ich in diesem Leben Kontakt haben? Wie viele Menschen sollen es sein?
- Was ist für mich in diesem Leben wichtig? Was möchte ich erlebt haben, bevor ich aus diesem Leben scheide?
- Was soll ich in diesem Leben lernen, um vollkommen ich selbst sein zu können?

Wenn Ihnen Antworten auf diese Fragen in den Sinn kommen, lassen Sie diese einfach wirken. Versuchen Sie nicht, sie zu deuten oder zu verstehen, da Sie sonst Ihre Kritikfähigkeit wieder aktivieren und von der Schicht der Grundpersönlichkeit auftauchende Informationen blockiert würden.

Wirkung: Allein die Suche nach Antworten auf die obigen Fragen wird etwas in Ihnen in Bewegung setzen. In tief entspanntem Zustand beginnen Sie Ihre Absicht für dieses Leben zu ahnen und erhalten Hinweise darauf, was und wer Sie tatsächlich sind. Es ist nicht einfach, die eigene Grundpersönlichkeit zu erfahren, und es kann manchmal lange dauern, bis man die Ebene der Bewertungen durch den unterbewußten See hinter sich gelassen hat. Doch wenn Ihnen eines Tages die Antworten Ihres Selbst ganz verständlich sind, werden Sie den Grundton Ihrer Seele spüren.

Ergänzendes Hilfsmittel: Zur Unterstützung dieser Übung empfehle ich die Übungs-CD «Grundpersönlichkeit» (s. Anhang). Sie führt aufgrund ihrer Tonstrukturen besonders leicht in tiefe Entspannungszustände, in denen Wertmaßstäbe unwirksam sind und die Ideen unseres unterbewußten Sees bei der Wahrnehmung unserer Grundpersönlichkeit nicht stören.

Dritte Übung:
Auf die Stimme des Selbst hören

Mit dieser Übung versuchen wir, uns noch weiter für Impulse von tieferen Ebenen jenseits der Inhalte unseres unterbewußten Sees zu öffnen. Denn nur so können wir weitgehend neutral wahrnehmen, wie wir sind, wie wir leben und was uns wirklich bewegt.

Erst mit Hilfe dieses wirklichkeitsnahen Bildes unserer Energien und unserer persönlichen Art, diese in unser Leben einzubringen, können wir bewußt entscheiden, ob wir etwas an unserem Leben ändern wollen und mit welchen Ideen wir arbeiten müssen, damit eine solche Veränderung möglich wird. Nur wenn wir die hemmenden Ideen, die uns behindern, genau identifiziert haben, können wir unsere Energien so ausrichten, daß wir künftig kontrollierter und erfolgreicher zu leben vermögen.

Führen Sie diese Übung etwa ein- bis zweimal monatlich durch.

Vorbereitung: Setzen oder legen Sie sich bequem an einem ruhigen Ort hin und suchen einen Zustand möglichst tiefer Entspannung zu erreichen, in dem Ihre normalen Denk- und Betrachtungsweisen weniger aktiv sind. Dann bewegen Sie die folgenden Fragen in Ihrem Innern und lassen alle Bilder, Gefühle und Gedanken, die assoziativ dazu aufsteigen, an sich vorübertreiben, ohne sie zu bewerten oder zu zergliedern.

Fragen zum Beruf

- Was denke ich über meinen Beruf und was über meine Freizeit?
- Was denke ich über meinen Selbstausdruck?

- Was denke ich über meine Mitarbeiter, meine Abhängigkeit, mein Einkommen?
- Erzähle ich anderen von meiner Arbeit? In welcher Form und was?
- Was denken andere, meiner Meinung nach, über meinen Beruf?
- Kann ich mir vorstellen, diesen Beruf bis ins hohe Alter auszuüben?
- Wie empfinde ich meinen Arbeitsplatz, die Atmosphäre, Belichtung, das Umfeld dort?

Fragen zu zwischenmenschlichen Beziehungen

- Welche Beziehungen pflege ich privat, welche beruflich?
- Wie tausche ich mich mit anderen Menschen aus?
- Wie viele meiner Beziehungen habe ich selbst gewählt, wie viele bestehen zufällig oder aufgrund äußerer Umstände?
- Warum pflege ich diese Beziehungen?

Fragen zur Partnerschaft

- Warum möchte ich eine Partnerschaft?
- Was verspreche ich mir davon?
- Welche Art von Partnerschaft möchte ich haben?
- Und welche Art von Partnerschaft habe ich?
- Wie lange soll meine Partnerschaft dauern, bis sie mir das geben kann, was ich suche?
- Welche Rolle sollten der Körper, das Gefühl, die Gedanken in meiner Partnerschaft spielen?
- Wie möchte ich mich körperlich, geistig und seelisch auf meinen Partner beziehen?
- Wieviel Zeit möchte ich für meine Partnerschaft aufwenden?
- Welche Bedeutung hat die Partnerschaft in meinem Leben?

Fragen zum Körper

- Welchen körperlichen Ausdruck habe ich im Moment?
- Wie möchte ich mich durch meinen Körper ausdrücken?
- Wie sehen andere Menschen meinen Körper?
- Mag ich meinen Körper?
- Wie drücke ich mich durch meine Kleidung aus?
- Fühle ich mich in meiner Kleidung wohl?
- Wie ist der gesundheitliche Zustand meines Körpers?
- Was braucht mein Körper, was möchte, was fühlt er?
- Befriedige ich die Bedürfnisse meines Körpers?

Fragen zu Lebensstil und Lebensziel

- Was denke ich über mein Leben: Drücke ich mein Selbst in Freiheit aus?
- Spüre ich mich in meinem Leben?
- Bin ich mir meiner Gefühle, Gedanken und meines Handelns bewußt?
- Welche Ziele verfolge ich in meinem Leben – in der Gegenwart, in der nahen, in der fernen Zukunft?
- Welche Gefühle trage ich in mir – gegenüber meinem Leben, der Welt allgemein, den Menschen, die ich kenne?
- Sind mir andere Menschen und ihre Meinung wichtig?
- Was möchte ich in diesem Leben erreichen?
- Was möchte ich zu mir selbst sagen können, wenn mein Leben zu Ende geht?

Auch nach dieser Übung sollten Sie sich nicht sofort mit den Antworten auseinandersetzen, sondern sie zunächst einfach auf sich wirken lassen. Am besten wäre es, wenn Sie die Antworten anschließend aufschreiben, um später mit ihnen zu arbeiten.

Wirkung: Diese Art der entspannten Selbstbeobachtung bringt sehr viel Klarheit über das eigene Leben und Handeln. Die mit der Zeit gewonnenen Erkenntnisse werden Energien in Bewegung setzen, die Ihnen helfen, Ihre Einstellungen zu sich selbst zu ändern und Ihr Leben bewußt in Richtung Erfolg umzusteuern.

Ergänzende Hilfsmittel: Diese Übung läßt sich durch die von mir entwickelte CD «Selbsterkenntnis» (s. Anhang) wirksam unterstützen. Sie führt sanft in einen Zustand tiefer Entspannung, in dem Sie die Fragen hören, ohne selbst darüber nachdenken und sie formulieren zu müssen. Tief entspannt warten Sie auf die Impulse, die durch die Fragen angeregt werden, und lassen sie an die Oberfläche Ihrer Wahrnehmung treiben. Selbst wenn man während dieser CD-Übung einschlafen sollte, werden Impulse in Gang gesetzt, die später ihre Wirkung entfalten.

7. Stufe
Entwicklung von Fremdwertgefühl

Nachdem wir sechs von sieben Stufen auf dem Weg zu Wirklichkeitskontrolle und wirtschaftlichem Erfolg gemeistert haben, gilt es nun noch, die entscheidende letzte Stufe zu bewältigen: Welche Aspekte unseres Selbst, welche Werte, deren wir uns bewußt geworden sind und die wir befürworten, weil sie uns Energie geben, sind auch für andere Menschen von Wert? Welche dieser Werte kann ich demnach in Austausch bringen, um einen Rückfluß zu erzielen – hier vor allem in Form von Geld?

Ohne Zweifel ist dies die entscheidende Frage: Wenn wir zwar ein enormes Selbstbewußtsein und ein immenses Selbstwertgefühl entwickelt hätten, aber nicht wüßten, was von alledem für andere Menschen von Bedeutung wäre, bliebe uns der wirtschaftliche Erfolg logischerweise versagt. Statt dessen würden wir verarmen und mittellos sterben, ohne je in den Genuß materieller Freiheit gekommen zu sein. Denn materielle Freiheit können wir aus eigener Kraft nur auf eine einzige Weise erlangen: indem wir die siebte Stufe erklimmen und die Fähigkeit erlangen, Werte zu geben, die auch für andere Menschen wichtig sind.

Hierzu gleich einleitend ein Beispiel: Ich kannte einmal

eine Pianistin, die ihr Geld dadurch verdiente, daß sie in Hotelbars Piano spielte. Wie sie mir erzählte, hatte sie sich mit zweihundert anderen Künstlern als Pianistin bei den Olympischen Winterspielen beworben, und sie hatte den Job bekommen. «Wie haben Sie das gemacht?» fragte ich sie.

Ihre Antwort: «Ich habe als einzige von zweihundert Bewerbern als Gegenleistung Geld verlangt. Die anderen sagten alle, ihnen gehe es nur um die Ehre, ich aber habe dem Komitee erklärt: Ich spiele hervorragend Piano, aber nur wenn ich etwas zurückbekomme, das für mich einen Wert darstellt, den ich wirklich brauche, gebe ich mit aller Kraft mein Bestes. Und dieser Wert ist für mich eben Geld und nicht die Ehre allein, weil ich von meinem Klavierspiel lebe. Wenn ich aber mein Bestes gebe, dann werde ich mich auch in die Herzen der Menschen spielen mit allem, was ich habe, und ich habe viel.» Offenbar hatte sie mit diesen Worten und mit ihrer Ausstrahlung solchen Eindruck gemacht, daß man sie vorspielen ließ und sie schließlich den Auftrag bekam.

Wer sich seines Wertes bewußt ist und diesen Wert auch darstellen kann, hat unfehlbar auch finanziellen Erfolg. Bei diesem Wert kann es sich indessen nicht mehr allein um Selbstwert handeln: Entscheidend für die Gestaltung unseres materiellen Umfeldes ist letztlich das Fremdwertgefühl, unser Bewußtsein des Wertes, den wir für andere Menschen darstellen.

Wie aber können wir nun auch noch herausfinden, welche unserer speziellen Fähigkeiten und Möglichkeiten für andere Menschen wertvoll sind?

Die Schule der Menschenbeobachtung

Bevor wir unseren Fremdwert bestimmen können, müssen wir lernen, andere Menschen zu beobachten. Hierbei ist es von besonderer Bedeutung, daß man so weit wie irgend möglich versucht, sich in die Lage des anderen zu versetzen, um dessen wirkliche Bedürfnisse in Erfahrung zu bringen.

Zu lernen, andere Menschen zu beobachten, ist ein Abenteuer eigener Art. Die meisten Menschen beobachten nicht andere, sondern fast immer nur sich selbst. Doch gerade indem man andere beobachtet, kann man auch über sich selbst eine Menge lernen.

Im folgenden sind einige Fragen aufgelistet, die man sich stellen sollte, um sich in der Menschenbeobachtung zu schulen:

- Wie lebt der andere?
- Wie ist seine Lebensqualität?
- Wonach sucht er?
- Worüber freut er sich, was ärgert ihn?
- Welche Probleme hat er?
- Was könnte er brauchen, um seine Probleme besser/schneller zu lösen?
- Was könnte ihm guttun, um seine Lebensqualität zu steigern?
- Wo in seinem Leben/seiner Person entdecke ich Qualitäten, die er nicht sieht?
- Wo finde ich Möglichkeiten, die er nicht erkennt?
- Wo sehe ich Antworten, während er noch nicht einmal die dazugehörigen Fragen entdeckt hat?

Wenn man sich einige Zeit in der Beobachtung anderer Menschen geschult hat, merkt man, wie einem förmlich die

Augen aufgehen. Auf einmal erkennt man, daß die meisten Menschen gestreßt und verkniffen wirken, wie gehetzt und vereinsamt, ausdruckslos und unzufrieden sie sind. Unsicher und ohne wirkliches Selbstbewußtsein, schwanken sie zwischen Anziehung und Abstoßung. Die meisten haben Angst, ihre Energien fließen zu lassen, und den Sinn für Abenteuer verloren. Sie leben nicht mehr den Wechsel, die stete Veränderung, sondern streben nach Permanenz und äußerer Sicherheit. Ihre Individualität ist unter dem Massenbewußtsein verschüttet; wie viele sind mehr oder minder ständig krank und sterben zuletzt an einer Krankheit, ohne je wirklich gesund gewesen zu sein.

Dies alles erstmals zu erkennen, kann einen Schock auslösen, verbunden mit der Erkenntnis: «Auch ich habe bis vor kurzem noch so gelebt! Ohne Bewußtsein meiner selbst, an ständigem Energiemangel leidend, meiner Möglichkeiten und Absichten unbewußt.» Doch wer einmal gelernt hat, die Menschen auf diese Weise mit offenen Augen und zugleich voller Liebe und Mitgefühl zu beobachten, der wird auch nie wieder daran zweifeln, daß sie zumindest einiger Werte, die er zu geben hat, dringend bedürfen.

Die wichtigsten Regeln wirklicher Kommunikation

Nutzen Sie zwischenmenschliche Energien für Ihren persönlichen Erfolg

Wie können wir die Menschen erreichen, denen wir das geben wollen, was wir am besten können und was sie am dringendsten benötigen? Hierfür müssen wir mit unserer Umgebung in Kommunikation treten. Kommunikation heißt, allgemein gesagt, uns selbst mit allen unseren Energien der Umgebung so verständlich zu machen, daß die Umgebung auf uns sinnvoll reagieren kann. Damit wird sie zum sinnvollen Bestandteil des Ausdrucks unserer eigenen Absichten.

Viele Menschen wissen allerdings gar nicht, wie man sich sinnvoll verständlich macht, wie man einen solchen informativen Austausch pflegen kann, der erforderlich ist, damit man seine persönlichen Ziele auch erreicht. Meistens werden zwischenmenschliche Beziehungen durch Mißverständnisse beherrscht, durch mangelnden Informationsfluß, mangelnde Achtung dem anderen gegenüber, mangelnde Klarheit des Selbstausdrucks und egoistische Inszenierungen.

Durch all das wird der lebendige Energiefluß wirklicher Kommunikation be- oder sogar verhindert, mit der Folge, daß kein Austausch oder nur ein sehr unvollkommener Austausch stattfinden kann. Wir neigen dann dazu, zu glauben, daß wir uns unserer Umgebung nicht verständlich machen können oder daß unser Umfeld uns sogar absichtlich mißversteht. In der Regel sind aber nur wir selbst – genauer gesagt: unser mangelhaftes Ausdrucksverhalten – schuld, wenn unser Kommunikationsversuch mißlingt. Daher sollten wir uns hier einmal grundsätzlich bewußt machen, wie Kommunikation funktioniert und welche Regeln beachtet werden müssen, damit es zu einem energetischen Austausch kommt.

Zwei Kommunikationshürden: Schüchternheit und übertriebene Selbstdarstellung

Viele Menschen würden zwar gerne mit anderen kommunizieren, aber es gelingt ihnen nicht, weil sie zu schüchtern sind. Dieses Problem ist heutzutage weitverbreitet und es hat, wie weiter vorne schon erwähnt, eine einfache Ursache: Die Schüchternen wissen nicht, ob sie für andere Leute interessant sind. Sie haben also ein unterentwickeltes Selbstwertgefühl und ein noch mangelhafteres Fremdwertgefühl. Positiv formuliert: Wenn wir erkennen, daß wir für andere Menschen wichtig sind, dann haben wir auch keinen Grund mehr, schüchtern zu sein.

Aber wie kann der Schüchterne das erkennen? Zur Kommunikation ist er ja gar nicht fähig: Die Stimme versagt ihm, er bringt kein Wort oder höchstens ein Gestotter heraus, aus Angst, etwas zu sagen, das dem anderen nicht gefällt oder nicht entspricht. Deshalb hilft gegen Schüchternheit kein «Kommunikationstraining», wie es heutzutage häufig angeboten wird. Der Schüchterne muß den ganzen Weg gehen, den ich in diesem Buch beschrieben habe. Wenn er Selbstwertgefühl und Fremdwertgefühl entwickelt hat, ist es auch mit seiner Schüchternheit vorbei.

Scheinbar das genaue Gegenteil des Schüchternen ist der Prahlhans und egozentrische Selbstdarsteller. Aber er hat mit dem Schüchternen zumindest eines gemeinsam: Beide sind unfähig zur Kommunikation. Denn auch der eitle Selbstdarsteller hat normalerweise wenig echtes Selbstwertgefühl. Eben deshalb hält er ein Bild von sich selbst hoch, das ihn in übertrieben schmeichelhaften Tönen preist.

Ebenso hat er ein stark unterentwickeltes Fremdwertgefühl. Sonst könnte er gar nicht auf die Idee kommen, daß andere Leute sich wirklich für seine Selbstdarstellung interessieren. Tatsächlich aber sind wir am Anfang eines Kommunikationsprozesses für andere Menschen nicht durch das interessant, was wir alles machen und können und haben. Das Interesse des anderen gewinnen wir vielmehr, wenn wir an ihm etwas bemerken und hervorheben, das auch ihm an sich selbst gefällt.

Hierzu ein einfaches Beispiel. Wenn wir mit jemandem ins Gespräch kommen wollen, ist es keine verheißungsvolle Strategie, uns vor dem anderen aufzubauen und «Na, hab' ich einen tollen Anzug?» auszurufen. Wenn wir uns aber neben ihn setzen, ihn einen Moment lang interessiert anschauen und dann zum Beispiel sagen: «Eine interessante Armbanduhr hast du da», kommen wir schnell mit ihm ins Gespräch.

Was steckt psychologisch gesehen dahinter? Wenn uns etwas an einem Menschen positiv auffällt und wir es hervorheben, dann nimmt der so Angesprochene automatisch an, daß wir ein gewisses Verständnis für ihn haben und daher der Kontakt mit uns interessant für ihn sein kann. Sehr ähnlich gehen übrigens Verkäufer vor, wenn sie uns dazu bringen wollen, ihr Produkt zu kaufen: Als erstes erklären sie dem Kunden nicht, wie das Produkt im einzelnen funktioniert, sondern versuchen herauszufinden, wer der Kunde ist und was genau er braucht. Hat der Verkäufer erst einmal die Bedürfnisse seines Gegenübers herausgefunden, kann er sicher sein, daß der andere ihm auch zuhört und für seine Vorschläge aufgeschlossen ist. Denn der Kunde nimmt dann an, daß der Verkäufer ihn versteht und auch ein Angebot im Programm hat, das den Bedürfnissen des Kunden entspricht.

Ob im Verkauf oder in jeder anderen zwischenmenschlichen Beziehung: Wirkliche Kommunikation ist niemals Selbstzweck, sondern immer der Austausch von Sichtweisen und Informationen, von Impulsen und Anregungen mit dem Ziel, zu einem Ergebnis zu kommen. Das scheint eine Selbstverständlichkeit zu sein, wird aber erstaunlich häufig übersehen.

1. Kommunikationsregel: Selbsterkenntnis

Je genauer wir unseren Selbst- und unseren Fremdwert kennen, desto besser können wir auch unsere zwischenmenschlichen Beziehungen zu wechselseitigem Erfolg und Nutzen gestalten. Hierfür ist es erforderlich, daß wir uns immer wieder bewußt machen, wie Kommunikation funktioniert: Mit anderen Menschen kann ich überhaupt nur dann in Austausch treten, wenn ich mir meiner selbst bewußt bin und wenn ich weiß, was ich von diesen anderen Menschen will.

Wer bin ich, was will ich in diesem Leben sein und erreichen? Erst wenn ich diese Frage beantworten kann, kann ich mich im zweiten Schritt auch fragen: Welche Menschen passen in mein Leben? Und als nächstes: Was sollen diese Menschen mir geben, damit ich meine Ziele leichter erreichen kann? Aber gleichzeitig auch umgekehrt: Was können diese Menschen für ihr Leben gebrauchen, das ich ihnen geben kann?

2. Kommunikationsregel: Wechselseitiges Interesse

Kommunikation entsteht nicht dadurch, daß Menschen Floskeln oder sachliche Informationen austauschen, sondern Kommunikation besteht genau dann, wenn der andere durch das, was er mir von sich gibt, in meinem Leben und in mir eine Veränderung bewirkt, die ich auch wirklich haben will. Oder wenn umgekehrt ich in dem anderen etwas in Bewegung setze, das ihm zusagt und ihm hilft, sein Leben angenehmer zu gestalten.

Unter Kommunikation verstehe ich also keine Technik oder Rhetorik, sondern den Austausch von Energien. Kommunikation ist der Versuch, den anderen in seinen Bedürfnissen zu verstehen, ihm das zu geben, was er gerade braucht. Dadurch bin ich für ihn interessant, und so öffnet er sich auch mir gegenüber und versucht umgekehrt, mich mit meinen Bedürfnissen wahrzunehmen, um auch mir geben zu können, was ich gerade brauche. Denn nur dann habe ich meinerseits weiterhin Interesse an dieser Kommunikation, einem ständigen energetischen Austausch.

Diese Art von Kommunikation erfordert allerdings auch

mehr Zeit, als viele Menschen heutzutage haben oder aufzubringen bereit sind. Kommunikation verläuft sehr stark über Gefühle. Wenn ich jemanden verstehen will, muß ich mich in ihn einfühlen, und das geht nicht im Handumdrehen. Und wenn ich mich in ihn eingefühlt habe, muß ich als nächstes versuchen, ihn zu verstehen, um beurteilen zu können, was ich ihm geben könnte, was von mir er brauchen könnte. All das erfordert Zeit.

Kommunikation basiert also auf wechselseitigem Interesse der Kommunikationspartner aneinander. Und sie funktioniert nur dann, wenn beide bereit sind, dem anderen etwas zu geben, das ihm wirklich wichtig ist. Das wiederum bedeutet, daß nicht nur ich das Interesse haben darf, den anderen zu verstehen und ihm etwas zu geben. Ich muß auch bei dem anderen das Interesse wecken, sich für mich zu öffnen. Dafür aber muß ich mir auch die Zeit nehmen, den anderen wahrzunehmen und mich zu fragen, was er möchte – im beruflichen wie im privaten Bereich.

Wenn heutzutage jemand Kontakt sucht, dann will er sich häufig nur selbst darstellen. Die meisten Leute erzählen einem von ihrem Beruf und von ihren Hobbys und halten diese Selbstbespiegelung für Kommunikation. Aber solange sie sich für den Gesprächspartner nicht wirklich interessieren, sich nicht fragen, worin die Bedürfnisse des anderen bestehen, geschweige denn den Wunsch haben, diese Bedürfnisse auch zu befriedigen – solange ist es auch keine Kommunikation, kein Geben und Nehmen von Energien.

3. Kommunikationsregel: Klarer Selbstausdruck

Auch wenn wir uns in den anderen eingefühlt und seine Bedürfnisse verstanden haben, kann die Kommunikation mit ihm nicht gelingen, wenn wir uns nicht völlig klar äußern können. Das klingt wie eine Selbstverständlichkeit, trotzdem scheitert die Kommunikation in sehr vielen Fällen genau an diesem Punkt. Wenn wir beispielsweise immer schwarzgekleidet herumlaufen, mit starrer Miene, am besten noch mit einer Sonnenbrille vor den Augen, dann signalisieren wir keine Kommunikationsbereitschaft, sondern das Gegenteil. Oder wenn wir in der einen Hand ein Glas haben, in der anderen eine Zigarette, dann signalisieren wir alles andere als Offenheit und Entspanntheit. Wenn wir dagegen unsere Hände frei haben, den anderen anlächeln, uns ihm zuwenden, dann zeigen wir, daß wir an ihm interessiert sind, und bringen unsere Persönlichkeit zum Ausdruck, statt uns hinter einer Maske zu verschanzen.

Für gelingende Kommunikation ist es also wichtig, daß wir das, was wir sind, was wir wollen und was uns interessiert, auch nach außen hin ausdrücken: durch unsere Kleidung, unsere Gestik und Mimik, durch unser ganzes Verhalten. Wenn wir als Person nicht erkennbar sind, haben auch die anderen Menschen wenig Lust, mit uns zu kommunizieren, weil sie dann nicht erkennen können, worauf sie sich einlassen würden.

4. Kommunikationsregel: Sehnsüchte kennen und leben

Zu wirklicher Kommunikation sind nur die Menschen in der Lage, die ihre Sehnsüchte erkennen und ihr Leben nach ihnen ausrichten. Diese Behauptung mag zunächst verwirren, aber es wird gleich klar werden, was ich damit meine.

Was haben Sehnsüchte überhaupt mit Kommunikation zu tun? Das ist leicht erklärt: Nur wenn wir uns selbst kennen, können wir mit anderen Menschen kommunizieren. Aber wie könnten wir uns selbst kennen, ohne unsere Sehnsüchte zu kennen?

Allgemein sollten wir zwischen zwei Arten von Sehnsüchten unterscheiden: Die einen beziehen sich darauf, wie wir unser Leben führen wollen, also auf unsere Lebensumstände und unseren Lebensstil. Wie möchten wir wohnen, wie wollen wir uns kleiden, wohin möchten wir verreisen, wie möchten wir unsere Freizeit gestalten und so weiter. Bei diesen Sehnsüchten geht es also darum, wie wir unser Leben angehen, wie wir durchs Leben gehen.

Die zweite Art von Sehnsüchten richtet sich auf Erfahrungen, die wir machen möchten, also auf Lernprozesse. Das kann zum Beispiel die Sehnsucht sein zu reisen, um andere Kulturen kennenzulernen, oder die Sehnsucht, die Entstehung des biologischen Lebens zu verstehen. Bei diesen Sehnsüchten geht es also um Erkenntnisprozesse, die unserem Leben Sinn geben.

Natürlich gehören diese beiden Arten von Sehnsüchten zusammen: Wenn wir den uns entsprechenden Lebensstil verwirklichen können, hilft uns das, angenehm durchs Leben zu gehen. Die Erkenntnisprozesse helfen uns, diesem angenehmen Leben einen tieferen Sinn zu geben, der uns erfüllt. Und wenn wir mit jemandem kommunizieren wollen, dann deshalb, weil wir uns über diese beiden Aspekte unserer Sehnsüchte mit ihm austauschen möchten.

Daraus folgt, daß ein Mensch um so kommunikationsfähiger ist, je intensiver er versucht, seine Sehnsüchte kennenzulernen und zu verwirklichen. Denn genau dadurch wird er besonders interessant für andere, die ihre Sehnsüchte noch weniger gut kennen und leben und daher das Vorbild anderer Menschen suchen, die auf diesem Weg schon weitergekommen sind.

Kommunikation ist also, auf einen Nenner gebracht, das Hin-und-her-Fließen von Impulsen und Anregungen, wie wir unsere Sehnsüchte besser erkennen und leben können.

5. Kommunikationsregel: Die richtige Sprachebene finden

Wenn man davon überzeugt ist, daß man einem anderen Menschen etwas Anregendes zu geben hat, dann strahlt man das auch aus. Aber diese Ausstrahlung allein hilft uns wenig, wenn der andere unsere Sprache nicht versteht. Wir müssen uns also auch deshalb in ihn hineinversetzen, um zu erkennen, welche Sprache er spricht und was für ein Typ er ist.

Ist er ein Gefühlstyp, wird er nicht sehr begeistert sein, wenn wir ihn auf einer intellektuellen Ebene ansprechen. Wenn er umgekehrt ein nachdenklicher, introvertierter Typ ist, können wir ihn schlecht erreichen, wenn wir ihm ganz naherücken und ihn auf gefühlvolle Weise anzusprechen versuchen. Sollten wir besser laut oder leise sprechen? Schnell oder langsam? Was hat er für eine Art von Humor? All das müssen wir bedenken, wenn wir mit einem anderen Menschen in Austausch treten wollen. Wir sollten also nicht nur versuchen, die Bedürfnisse und Sehnsüchte des anderen zu erkennen, sondern auch die Kommunikationsebene zu bestimmen, auf der wir ihn am besten erreichen können.

6. Kommunikationsregel: Wertfreier Austausch

Hat man erst einmal eine gemeinsame Sprachebene gefunden, kann sich die Kommunikation um so besser entwickeln, je klarer man während dieses Austauschs den anderen begreift. Wenn es sich um wirkliche Kommunikation handelt, sollten wir also den Gesprächspartner während unseres Gesprächs immer besser verstehen. Dann öffnet er sich uns gegenüber immer mehr, und auch sein Interesse an uns wird immer größer.

Das funktioniert allerdings nur, wenn wir darauf verzichten, den anderen während unseres Gesprächs zu bewerten, ihn einzustufen. Wenn wir hören, was er sagt, wie er sich selbst zum Ausdruck bringt, und uns im stillen denken: «Was für einen Mist der daherredet», dann unterbrechen wir im gleichen Moment den Fluß der Impulse und beenden die Kommunikation.

Denn auch wenn wir unsere Vorbehalte nicht aussprechen, spürt der andere doch unsere Ablehnung und verschließt sich wieder: Er hört uns nicht mehr zu, weil er nicht mehr in Kontakt mit uns treten will, denn er spürt ja, daß wir keinen Zugang mehr zu ihm haben. Für wirkliche Kommunikation ist es also wichtig, daß wir unseren Gesprächspartner nicht in Gedanken abwerten, geschweige denn unsere Ablehnung aussprechen oder ihm unsere eigene Meinung aufdrängen.

Hierzu gehört auch, daß wir uns davor hüten müssen, andere gedanklich in eine Rolle zu stecken, also während des Gesprächs zu denken: «Typisch Mann (oder Frau)», oder: «Tja, die heutige Jugend», «Typisches Chef-Gerede» und so fort.

Wir müssen uns also ständig bemühen, wertfrei zu kommunizieren. Das heißt natürlich nicht, daß wir unsere Ansichten verleugnen oder verfälschen sollen. Aber anstatt unser Gegenüber vorschnell nach unseren eigenen Werten und Anschauungen zu beurteilen, sollten wir uns fragen, warum er diese Meinung vertritt oder jenen Geschmack an den Tag legt.

Ein einfaches Beispiel: Wenn wir einen Menschen kennenlernen und zu ihm sagen: «Mann, dein Hemd ist ja so was von häßlich», dann bedeutet das sicherlich das Ende der Kommunikation mit diesem Menschen. Wenn wir aber statt dessen zu ihm sagen: «Mir ist aufgefallen, daß du immer so merkwürdige Hemden trägst – welchen Grund hast du eigentlich dafür?», dann bemerkt der andere, daß wir seinen besonderen Geschmack bemerkt haben, ihn aber wertfrei betrachten und bei ihm nachfragen, weil es uns interessiert.

Wenn ich also meine Frage so formuliere, hört damit die Kommunikation nicht auf, sondern fängt überhaupt erst richtig an.

7. Kommunikationsregel: Geben und nehmen

Nicht selten wird Kommunikation auch durch eine starre Erwartungshaltung ge- oder sogar zerstört. Wenn wir von dem anderen erwarten, daß er sich in einer bestimmten Weise äußert, setzen wir ihn unter Druck und ignorieren seine Persönlichkeit. Natürlich sollte man eine Kommunikation mit einem Wunschbild des anderen beginnen, aber dann muß man auch durch ständige Beobachtung überprüfen, ob dieser Wunsch dem Gesprächspartner gerecht wird. Wenn wir feststellen, daß der andere uns in dem, was wir zum Ausdruck bringen, ablehnt, müssen wir sofort eine Korrektur vornehmen, da anderenfalls die Kommunikation an dieser Stelle abbricht. Wer abgelehnt wird, ist ebensowenig kommunikationsfähig wie derjenige, der seinem Gesprächspartner unverständlich wird.

Manche Leute halten sich für große Kommunikationstalente, weil sie imstande sind, andere in Grund und Boden zu reden. Sie reden so lange, bis der andere nur noch schweigend zuhört, und halten das für einen Kommunikationserfolg. Das Gegenteil trifft aber zu: Wenn unser Gegenüber uns nicht mehr antwortet, ist das normalerweise ein sehr schlechtes Zeichen. Bei funktionierender Kommunikation hat der andere das Bedürfnis, etwas zu sagen, das dann auch wieder auf den Fluß unserer Gedanken einwirkt, und so fort.

Denn das Wesentliche der Kommunikation besteht darin, daß wir Bedürfnisse erforschen und zu erfüllen versuchen. Wir bieten dem anderen etwas an, das er in etwas umwandelt, das ihm wichtig ist, und uns in dieser umgewandelten Form zurückgibt. Dadurch wird bei uns ein Erkenntnisprozeß in

Gang gesetzt, und unsere Erkenntnis wird wiederum von uns umgewandelt und dem anderen zurückgegeben: Kommunikation ist wie Pingpong. Und wenn einer den Ball nicht mehr annimmt oder nicht mehr in die andere Hälfte zurückspielt, ist der Fluß unterbrochen, die Kommunikation zu Ende.

Das gilt für private Beziehungen ebenso wie für berufliche Kommunikation. Wenn wir glauben, daß ein Mensch uns dabei helfen kann, unsere Sehnsüchte zu erfüllen, dann ist er interessant für uns. Bei einem Vorstellungsgespräch will der Chef vor allem eines von dem Kandidaten wissen: was dieser für ihn in Bewegung setzen kann. Wenn man ihm das nicht klarmachen kann, bekommt man die Stelle nicht, selbst wenn man die besten Zeugnisse vorweisen kann. Wenn man ihm aber vermittelt, daß man ihm helfen kann, seine Bedürfnisse und Sehnsüchte zu erfüllen, dann bekommt man den Job, selbst wenn man nicht ganz so erstklassige Zeugnisse vorzuweisen hat. Denn wirkliche Kommunikation entsteht immer aus dem Bedürfnis, für den anderen etwas zu tun und ihm etwas zu geben, das seinen Bedürfnissen entspricht.

Kommunikation und Gefühlskontrolle

Ich habe in diesem Buch schon verschiedentlich davon gesprochen, wie wichtig es ist, daß wir unsere Gefühle kontrollieren, daß wir bewußt bestimmte Gefühle hervorzurufen und andere zu vermeiden lernen. Das gilt für den Kommunikationsprozeß in besonderem Maß. Wenn wir unsere Gefühle kontrollieren und steuern, setzen wir Energien in Bewegung, mit denen wir das anziehen, was diesen Energien entspricht. Fühlen wir also Kommunikationsbereitschaft, das echte Interesse, uns mit anderen Menschen auszutauschen, so werden wir hierdurch über kurz oder lang diese Menschen anziehen.

Je mehr wir uns auf ein Gefühl einlassen, je tiefer wir es verinnerlichen und spüren, desto kraftvoller wird seine Ausstrahlung und desto mächtiger zieht es seine Entsprechungen in der Außenwelt an. Wenn wir also beispielsweise in uns die Sehnsucht tragen, anderen Menschen zu helfen, und diese liebevolle Hilfe zu unserem Beruf zu machen, dann sollten wir uns in unserer Fantasie immer wieder lebhaft vorstellen, wie wir uns um andere Menschen liebevoll kümmern. Wenn wir durch diese Vorstellung das entsprechende intensive Gefühl entwickeln, das Glück und die Freude darüber, kranken oder hilflosen Menschen zur Seite zu stehen, dann ziehen wir mit der Zeit auch Situationen an, in denen unsere Hilfe benötigt wird.

Übung zur Entwicklung kommunikativer Gefühle
Nehmen Sie sich drei Wochen lang immer morgens nach dem Aufwachen und abends vor dem Einschlafen eine halbe Stunde Zeit. Fragen Sie sich:

Welche Gefühle sollen mich in meinen zwischenmenschlichen Beziehungen begleiten, und zwar

- in der Partnerschaft?
- im Beruf / im eigenen Unternehmen?
- in Freundschaften?

Welche äußeren Umstände könnten dazu gehören?

In welcher Funktion würde ich selbst mich dort am liebsten sehen?

Führen Sie sich diese Fragen eindringlich vor Augen, und dann baden Sie in Ihren Fantasien. Lassen Sie Ihre Gefühle fließen. Diese Gefühle werden Ihre Ausstrahlung verändern.

Sie werden es auch immer deutlicher spüren, wenn Sie von Ihrer Wunschvorstellung abweichen, und können so Ihre Zielrichtung korrigieren.

Vor allem aber werden sich über kurz oder lang auch in der Wirklichkeit die Personen und Konstellationen einstellen, die Ihren veränderten energetischen Mustern entsprechen.

Indem Sie diese Übung auch abends vor dem Einschlafen durchführen, nehmen Sie Ihre Fantasien und Gefühle mit in den Schlaf und prägen so auch Ihre unbewußten Ebenen, bis in die Träume hinein.

Übung zur Steigerung der Kommunikationsfähigkeit

Möglichst drei Wochen lang stimmen Sie sich jedes Mal vor dem Einschlafen und nach dem Aufwachen auf Ihre Sehnsüchte ein, die Sie sich erfüllen und die Sie mit anderen Menschen teilen wollen.

Hierfür fragen Sie sich:

- Wie möchte ich mich in Gegenwart anderer Menschen fühlen?
- Was möchte ich mit anderen Menschen teilen und tun?
- Wie sollen mich andere Menschen behandeln?
- Welche Bedeutung sollen andere Menschen in meinem Leben haben?
- Welche Menschen in meiner Umgebung passen schon jetzt zu diesen Sehnsüchten?

Wenn Sie diese Fragen mit in den Schlaf nehmen, werden Ihre Sehnsüchte allmählich klarer werden. Menschen, die nicht zu Ihnen passen, werden aus Ihrem Leben verschwinden, und neue Menschen, die besser zu Ihnen passen, werden in Ihr Leben treten. Ihnen wird klarer werden, wer Sie sind und was Sie in Ihrem Leben suchen, wer zu Ihnen gehört und wer nicht. Und indem Sie das ausstrahlen werden, wird es Ihnen auch immer leichter fallen, mit anderen Menschen zu kommunizieren.

Fremd- und Marktwert

Welche meiner Werte, die ich geben könnte, wären imstande, einige der Probleme anderer Menschen, die ich beobachtet habe, zu lösen oder zu lindern? Wer diese Frage zutreffend beantworten kann, der kann hieraus seinen Fremdwert ableiten. Unter dem Fremdwert verstehen wir also einfach denjenigen Wert, den ich einem anderen geben kann und der dessen Lebensqualität verbessert. Wenn wir unseren Fremdwert erkannt haben, sind wir sozusagen marktfähig geworden. Nun können wir uns zum Tauschmarkt begeben und mit guten Erfolgsaussichten versuchen, unsere Werte in Austausch zu bringen: Wir haben etwas anzubieten, das geeignet ist, die Lebensqualität anderer Menschen zu verbessern – und zwar bestimmter anderer Menschen, einer Gruppe von Personen, die wir durch genaue Beobachtung kennengelernt haben und präzise beschreiben können. Nun erst, da wir auch unsere Zielgruppe kennen, können wir behaupten, daß wir einen Marktwert haben.

Ich bin zutiefst überzeugt davon, daß jedem Menschen, der seine Werte kennt und der auch weiß, was andere Menschen brauchen, das Geld förmlich zufliegt, weil er dann das Bedürfnis hat, den Menschen zu helfen. In seinem Inneren ist jeder Mensch sozial. Als *Zoon politikon*, gemeinschaftsbildendes Wesen, wie schon Aristoteles den Menschen charakterisierte, spürt jeder von uns das Bedürfnis, sich mit anderen auszutauschen. Nur für uns allein gewisse Dinge und Werte zu haben, und wären es die kostbarsten auf dieser Erde, genügt uns nicht; wir müssen andere daran teilhaben lassen, uns mit anderen Wesen unserer Spezies austauschen. Und letztlich handelt es sich hierbei um einen Austausch nicht von Dingen, sondern von Werten oder Energien.

Dieses Bedürfnis des Menschen, zu geben und zu nehmen, in dynamischem Gleichgewicht sich stetig auszutauschen, ist ein Naturprinzip. Dagegen entsteht der Geiz aus der Angst vor dem Verlust äußerer Sicherheit, die ihrerseits einem unnatürlichen Mangel an Selbstbewußtsein, Selbst- und Fremdwertgefühl entspringt: Könnten die Menschen so aufwachsen, daß sie sich von Anfang an ihrer Werte bewußt würden und diese auf natürliche Weise zu entwickeln vermöchten, dann würden jene Ängste, Geiz und falsches Sicherheitsbedürfnis gar nicht erst entstehen. Denn dann wäre uns allen jederzeit bewußt, welche unserer Werte wir in Austausch bringen könnten. In einer solchen idealen Welt aber bräuchte auch niemand mehr Geld, da alle Menschen das Geheimnis des Erfolges verstanden hätten und sozusagen zu Geld geworden wären.

Dritter Fragebogen: Selbstbewußtsein, Selbstwert- und Fremdwertgefühl

Mit Hilfe des folgenden ausführlichen Fragebogens können Sie systematisch Ihr Selbstbewußtsein, Selbstwert- und Fremdwertgefühl entwickeln. Wiederum handelt es sich um zahlreiche, in sechs Teilbereiche gegliederte Fragen, die überdies gewissenhafte Selbsterforschung bzw. geduldige Beobachtung anderer Menschen erfordern. Daher sollten Sie sich auch hier nicht unter Erwartungs- und Zeitdruck setzen, sondern die Fragen in einem Zeitraum und Rhythmus beantworten, die Ihren Möglichkeiten entsprechen.

1. Welche persönlichen Eigenschaften habe ich, die auf Menschen positiv wirken und die sie suchen?

Um diese wichtige Einstiegsfrage beantworten zu können, gliedern Sie sie am besten in kleinere Fragen auf:

- Wenn ich Menschen begegne bzw. mit Menschen spreche, was sagen oder denken die über mich?
- Ruft mein Erscheinen Freude hervor? Erdrücke ich andere Menschen durch mein Auftreten? Oder betrachten andere mich nur gleichgültig und wenden sich gleich wieder ab?
- Was genau, welche Eigenschaften und Verhaltensweisen, mögen andere Menschen an mir? Was erschreckt sie möglicherweise, was veranlaßt sie unter Umständen, sich von mir abzuwenden?
- Wollen andere Menschen hören, was ich sage? Wie hören sie mir zu: interessiert, gelangweilt, ablehnend, zustimmend ...?
- Wie schauen andere Menschen meine Kleidung, meine Gestalt an, wenn ich mich bewege?

- Wie oft werde ich eingeladen, von wem und zu welchen Ereignissen? Wie oft kommen Leute, die ich eingeladen habe, zu mir?
- Wenn ich eine Idee habe und mit Leuten irgendwohin gehen will, wer kommt dann mit, und was erwarten diese Leute von mir?

Zunächst einmal geht es bei diesen Einstiegsfragen nur darum, denjenigen unter Ihren Eigenarten auf die Spur zu kommen, die auf andere Menschen positiv wirken. Lassen Sie hier also den Aspekt des möglichen Rückflusses, der Vermarktung also, bitte noch außer acht – auch wenn insbesondere die letztere Frage diesen Punkt bereits indirekt berührt.

2. Wie könnte ich diese persönlichen Eigenschaften bewußt einsetzen, um mehr Wirkung zu erzeugen?

Hierzu ein Beispiel: Nehmen wir an, daß jemand eine besondere Art hat, Dinge, Ideen, Gedanken miteinander zu verknüpfen, die andere Menschen erheitert. Er muß nur den Mund aufmachen, und schon grinsen die Leute, weil seine Sicht der Welt auf lustige Weise erhellend wirkt. Bisher ist ihm noch nie so richtig bewußt geworden, daß er über dieses seltsame Talent verfügt. Jetzt aber beschließt er, es bewußt zu nutzen: Er kann beispielsweise als Kabarettist auftreten, depressive Menschen aufmuntern, Arbeitskreise zum Themenbereich «inneres Kind, Spontaneität und Impulsivität» organisieren und viele Möglichkeiten mehr.

3. Welche Fähigkeiten und Begabungen habe ich bis jetzt an mir erkannt, die ich anderen Menschen zur Verfügung stellen könnte?

Im Unterschied zu den Eigenschaften, auf welche die beiden ersten Fragen zielen, geht es hier um Fähigkeiten und Begabungen, also um Talente, die man systematisch ausbaut zu erfolgreichen Techniken, welche man anderen verfügbar machen kann.

Auch hierzu ein Beispiel: Angenommen, jemand hat ein ausgeprägtes Formempfinden als natürliche Begabung. Schon als Kind hat er kleine Skulpturen aus Speckstein angefertigt oder Kränze aus Baumzweigen geflochten, und so hat er diese Begabung über die Jahre spielerisch immer weiter entwickelt. Plötzlich merkt er, daß die Dinge, die er formen kann, auch anderen Menschen gefallen. Immer wieder kommen Leute zu ihm und lassen sich Tips geben, wie sie beispielsweise ihre Wohnung ausstatten, ob sie eine Skulptur von dem und dem Künstler kaufen sollen und anderes mehr. Da seine Begabung sich weiterentwickelt, beschließt er, Architektur oder Innenarchitektur zu studieren, und ist zehn oder zwanzig Jahre später ein gesuchter Ausstatter von Büro- und Einkaufszentren, mit einem Formempfinden wie kaum ein anderer, mit dem er sogar riesige Räume und Strukturen meistern kann.

Doch angefangen hat das alles, wohlgemerkt, mit einer Vorliebe für Basteln und kreatives Gestalten, mit kleinen Specksteinfiguren oder Kränzen aus Zweigen. Es beginnt oft mit einer unauffälligen Begabung, in diesem Beispiel einem Talent für Formen und Farben, und was daraus entstehen kann, ist eine einzigartige Fähigkeit, die dem Betreffenden überragenden Erfolg beschert.

Weitere Beispiele für unauffällige Talente, die bei entsprechender Entwicklung zu ganz großen Erfolgen führen:

- Da fängt einer als kleines Kind an, Strichmännchen zu zeichnen – und wird später einer der bestbezahlten Comiczeichner bei Walt Disney.
- Jemand anderes hat von Natur aus einen untrüglichen Blick dafür, welche Farben zueinander passen. Lange Zeit

fällt das kaum einem als etwas Besonderes auf, auch der farbbegabten Person selber nicht. Aber sie entwickelt dieses Talent nebenher immer weiter – und eröffnet irgendwann eine erfolgreiche Praxis für Stilberatung oder Farbtherapie.

- Wußten Sie übrigens, daß Steven Spielberg schon als Kind von Filmen besessen war, immer auf dem Filmgelände herumgeschlichen ist und gierig jedes Detail des Filmhandwerks aufgesogen hat? Heute ist er einer der erfolgreichsten Filmregisseure überhaupt …

4. Welche Vorlieben habe ich, die mir selbst Freude machen? Und wie könnte ich andere Menschen daran teilhaben lassen?

Im Prinzip ist die Überlegung ganz einfach: Was macht mir Spaß, und wie könnte ich diesen Spaß mit anderen teilen? Schwieriger wird es scheinbar, sowie es darum geht, den gemeinsamen Spaß in Geld umzumünzen. Aber auch dieser Schritt kann mühelos gelingen, wenn das, was ich anzubieten habe, für andere wirklich einen Wert darstellt.

Auch hierzu ein Beispiel. In einem meiner Seminare antwortete einer auf diese Frage: «Ich fahre gern Motorrad, auch zusammen mit anderen, aber damit kann ich ja kein Geld verdienen.»

«Wieso eigentlich nicht?» gab ich zurück und regte ihn an, sich folgendes vorzustellen: Er könnte einen Motorradclub gründen für Leute, die wie er gern Motorrad fahren, aber kein Geld haben, um sich eine Maschine zu kaufen, und/oder keine Zeit, eine Route vorzubereiten, das Motorrad zu warten usw. Seine Zielgruppe wären also Leute, die wirklich gern am Wochenende mit einer schweren Maschine herumfahren würden, aber selbst keine besitzen oder nicht wissen, welche Strecken geeignet sind und wie man dort gute

Hotels zu günstigen Preisen findet. Diesen Leuten würde unser Mann nun also «organisierte Abenteuer-Motorradtouren» anbieten. Seine Firma könnte die Maschinen stellen, er selbst die Route zusammenstellen, die Hotels buchen und seine Gruppe auf einer zweiwöchigen Tour die Strecke entlang führen, die er selbst seit langem kennt und liebt, weil er ja ein passionierter Motorradfahrer ist. Seine Kunden bräuchten sich um nichts zu kümmern, er hätte endlich Leute um sich, die seine Begeisterung teilen, und am Ende bekäme er auch noch eine Menge Geld dafür, daß er genau das tut, was ihm am meisten Spaß macht.

Über seine Vorlieben nachzudenken, nach seiner Berufung statt nach einem «sicheren Beruf» zu suchen, kann ein Schlüssel zu großem finanziellem Erfolg sein – vorausgesetzt natürlich, daß meine Vorlieben auch für andere Leute interessant sind und einen entsprechenden Wert darstellen.

5. Was brauchen die Menschen, die ich persönlich kenne, meine Freunde und Bekannten? Und was davon könnte ich ihnen geben?

Bei der Beobachtung anderer Menschen fängt man am besten mit den Personen an, die man ohnehin schon gut kennt – oder zu kennen glaubt –, den Freunden und Bekannten. Fragen Sie sich:

- Was würde den Menschen, die ich persönlich kenne, guttun?
- Welche materiellen, geistigen, intellektuellen Bedürfnisse haben diese Menschen? Welche Gefühls-, Erlebnis-, Lernbedürfnisse usw.?

Zunächst sollten Sie also nicht überlegen, welche dieser Bedürfnisse Sie selbst erfüllen könnten, sondern nur die Bedürfnisse, unabhängig von Ihrer Person, auflisten. Im nächsten Schritt fragen Sie sich: Und was kann ich tun, um ihnen behilflich zu sein?

Beispielsweise könnte jemand feststellen, daß etliche seiner Bekannten und Freunde gern ausgefallene Sachen tragen. Und plötzlich drängt sich ihm die Idee auf: Da er häufig auf Reisen ist, kann er mühelos Kleidungsstücke aus aller Welt mitbringen und so die Bedürfnisse auf eine Weise befriedigen, die ihnen selbst so ohne weiteres nicht erreichbar ist.

6. Wodurch wirke ich besonders positiv auf andere Menschen?

Hiermit greifen wir die Eingangsfrage dieses Fragebogens auf, spitzen sie aber zugleich zu: Über welche Wirkung verfüge ich, die unmittelbar in Geld und Erfolg umgemünzt werden könnte?

Ein weiteres Beispiel. Da ist eine Frau, die einfach gut zuhören kann: Ihr fällt zu jedem Problem ein guter Rat ein; außerdem läßt sie sich selten aus der Ruhe bringen und hat von Natur aus eine Stimme, die tröstend und ermutigend klingt. Irgendwann entschließt sie sich, aus dieser Begabung einen Beruf zu machen.

Da sie in einer Firma angestellt ist, läßt sie sich einen Termin bei ihrem Chef geben und macht folgenden Vorschlag: «Ich bin zwar nicht geschult für diese Arbeit, um die ich mich heute bewerbe, aber mir ist aufgefallen, daß meine Freunde, Bekannten und Kollegen mich bei allen kleinen oder größeren Konflikten oder Krisen um Rat fragen. Irgend etwas habe ich an mir, das anscheinend vertrauenerweckend und beruhigend ist, und ich bin als Schlichter regelrecht begehrt. Was halten Sie also davon, wenn ich als Mittler zwischen Ihnen und den Kollegen fungiere? Ich könnte meine normale Arbeit tun, aber außerdem für ein harmonisches

Verhältnis zwischen Geschäftsleitung und Personal sorgen.» Wenn der Chef die enorme Chance zur Produktivitäts- und Motivationssteigerung erkennt, die sich ihm da eröffnet, wird er sofort zustimmen und für die betreffende Person einen neuen Job schaffen, den es vorher gar nicht gab: Sie hat ihn einfach erfunden.

Ebensogut könnte jemand, der über eine solche Begabung verfügt, sich mit einem Sorgentelefon selbständig machen: Anfangs macht er nur neben seinem Hauptjob abends von sieben bis acht, was er immer schon am liebsten getan hat und sehr gut kann, nämlich Ratschläge geben, Konflikte schlichten, Lösungen vorschlagen, auf welche die Konfliktparteien von selbst nicht gekommen sind. Das würde sich herumsprechen, und bald schon könnte der Betreffende seinen bisherigen Job aufgeben und das Sorgentelefon zu seinem Hauptberuf machen, da er von Ratsuchenden regelrecht überrannt würde.

7. Wie reagieren andere Menschen auf mein Handeln? Fühle ich mich erwünscht?

Um diesem Fragekomplex auf die Spur zu kommen, fragen Sie sich beispielsweise:

- Kommt das, was ich tue, überhaupt an – und falls ja, wie?
- Falls es positiv ankommt, liegt das an meiner Art oder am Inhalt meiner Tätigkeit?
- Falls es an meiner Art liegt, kann ich diese vielleicht ausbauen und auf andere Themen oder Tätigkeiten übertragen, um auch dort besser anzukommen?
- Falls es am Inhalt meiner Tätigkeit liegt, kann ich diesen Inhalt in meinem Leben vielleicht zu einer wichtigen Sache machen, die mir Erfolg einbringt?

Wenn Sie diesen Fragen geduldig und gewissenhaft nachgehen, werden Sie mit der Zeit unfehlbar zu denjenigen Ihrer Werte vorstoßen, die auch für andere Menschen von Bedeutung sind.

Es ist hilfreich, Antworten auf diese Fragen in gewissen Abständen zu suchen, vielleicht nach sechs Wochen nochmals, damit sich neue Ideen und Ansichten in Ihnen entwickeln können. Empfehlenswert ist es auch, die Fragen und Antworten Freunden und Bekannten vorzulesen, die über mehr Distanz verfügen und daher manchmal mit zusätzlichen Ideen und Impulsen aufwarten können.

Vom Test bis zur Marktreife – Entwicklung und Erprobung einer Idee

Wenn Sie aufgrund von Selbsterforschung und Beobachtung anderer Menschen auf eine Idee gestoßen sind, wie Sie möglicherweise einen Wert in Austausch bringen können, machen Sie bitte nicht den Fehler, sofort ins kalte Wasser zu springen. Vielmehr ist es ratsam, in folgenden Schritten vorzugehen:

1. Schritt: Beschreiben Sie ausführlich und schriftlich Ihre Idee.

Schreiben Sie auf, was das Besondere Ihrer Idee ist: Was möchten Sie tun bzw. welche Tätigkeit ausbauen? Worin besteht der Inhalt? Angenommen, Sie halten Vorträge, so schreiben Sie ganz genau auf, worüber Sie referieren. Wenn Sie beispielsweise Kochkurse veranstalten (wollen), so notieren Sie detailliert: Was ist die Besonderheit dieser Kurse, worum geht es inhaltlich, was lernen die Teilnehmer? In welchem Umfeld findet der Kurs statt, was wird vorausgesetzt? Wieso sollten Menschen mich und diese Idee suchen, was haben sie davon, was würde sich in ihrem Leben verändern?

2. Schritt: Lernen Sie Ihre Ideenskizze auswendig.
Das mag zunächst überraschend klingen. Einen solchen Text auswendig zu lernen, ist aber eine einfache und bewährte Methode, durch die man am raschesten merkt, was an einer Idee stimmig und überzeugend ist und was nicht. Versuchen Sie den auswendig gelernten Text laut zu sprechen, zunächst allein vor dem Spiegel; dann bemerken Sie sofort, wo es noch hakt, wo die weniger überzeugenden Stellen Ihres Konzeptes sind. Korrigieren Sie diese Schwachstellen, ehe Sie sich mit Ihrer Idee in die «Öffentlichkeit» wagen. Sie müssen sich voll und ganz damit identifizieren können und Ihre Idee jedem Menschen gönnen, dem Sie etwas Gutes tun wollen.

3. Schritt: Testen Sie Ihre Idee im Gespräch mit Freunden.
Ersparen Sie sich die möglicherweise frustrierende Erfahrung, bereits in diesem Stadium vor professionelles Publikum zu treten. Machen Sie lieber erst einmal einen Test mit einem Freund, dem Sie in einer ruhigen Stunde Ihre Idee vortragen. Aus den Reaktionen des Freundes können Sie unter Umständen auf weitere Schwachstellen schließen, die Sie allein nicht bemerkt hatten. Auch sollte der Freund Ihnen nun möglichst viele – auch kritische – Fragen zu Ihrem Projekt stellen. Beobachten Sie sich selbst, und machen Sie sich ggf. Notizen: Welche weiteren Einfälle kommen Ihnen durch diesen Dialog? Auf welche Fragen wußten Sie keine vernünftigen Antworten – wo müssen Sie also noch weiter an sich, an der Idee und Ihrem Konzept arbeiten?

4. Schritt: Testen Sie Ihr Konzept im Gespräch mit Fremden.
Nun wird es um eine Stufe ernster: Sprechen Sie beispielsweise im Café jemanden an, und fragen Sie ihn, ob er Ihnen mal eine halbe Stunde zuhören möchte, Sie hätten da etwas Interessantes zu erzählen. Wenn er zustimmt, sollten Sie sich ins Zeug legen: Wie kommt Ihre Idee an? Wie sind die spontanen Reaktionen Ihres Zuhörers? Zustimmend, gar begeistert, oder ablehnend, desinteressiert, verständnislos? Je nach den Reaktionen überarbeiten Sie Ihr Konzept und versuchen dann aufs neue, ausgewählte Testzuhörer von Ihrem Projekt zu überzeugen.

Am Ende dieser Testreihe sollten Sie nicht nur Idee und Konzept, sondern auch Ihre Formulierungen und Ihr Verhalten als Redner soweit optimiert haben, daß Sie von sich sagen können: «Ich kann jetzt nicht nur problemlos über meine Idee sprechen, ich empfinde, während ich sie erläutere, sogar Stolz darauf. Und meine Zuhörer verstehen, was ich rüberbringen will, und möchten an der Idee teilhaben und sie für sich nutzen oder sogar weitergeben.»

5. Schritt: Bieten Sie Ihre Idee anderen Menschen an.
Viele Leute, die an sich gute Ideen haben, machen den Fehler, einen oder mehrere dieser Schritte auszulassen. Ich empfehle Ihnen jedoch dringend, Ihr Projekt im Ernst erst dann anzubieten, wenn Sie es in jeder Hinsicht vollkommen verinnerlicht haben. Um erfolgreich zu sein, muß man das, worin man Erfolg haben möchte, jederzeit in sich tragen, ausstrahlen und *leben*, nicht nur als Lippenbekenntnis mit sich führen. Die Begeisterung, die Sie bei anderen Menschen hervorrufen wollen, muß buchstäblich aus Ihren Augen leuchten. Nur wer mit jeder Faser seines Wesens von seiner eigenen Idee «infiziert» ist, kann auch andere damit anstecken.

Auch hierzu ein Beispiel: Angenommen, Sie können besonders gut kochen und lieben alles Kulinarische, besonders die mexikanische Küche, und außerdem reisen Sie sehr gern. Ihre Idee besteht darin, einen Kurs «Mexikanisch kochen in der mexikanischen Karibik» anzubieten. Ihre Botschaft lautet: «Wer niemals selbstgekochten Chili am Strand von Mexiko gegessen hat, der weiß überhaupt nicht, wie Chili schmeckt!»

Um Ihre Idee erfolgreich umsetzen zu können, müssen Sie als erstes natürlich aus eigener Erfahrung das Hotel kennen, in dem Sie Ihre Leute unterbringen und den Kurs veranstalten wollen. Ebenso müssen Sie sich mit dem Land, dem Klima, den Einheimischen, der Sprache usw. auskennen – nicht nur soweit, daß Sie unliebsame Überraschungen ausschließen können, sondern so gut, daß all das – Land und Leute, Klima, Karibik und besonders natürlich die Küche Mexikos – in Ihrer Rede lebendig und sinnlich spürbar wird. Man muß die Wellen der Karibik an den Strand branden und das Rascheln der Palmen förmlich hören, muß die Hitze auf der Haut fühlen und all die kulinarischen Köstlichkeiten schon riechen, ja beinahe schon auf der Zunge schmecken – und dies alles aufgrund Ihrer Worte und Gesten, Ihrer mitreißenden Ausstrahlung, Ihrer eindeutig ausgerichteten Energien.

Das aber setzt voraus, daß man selbst von seiner Idee tatsächlich so begeistert ist, wie man es behauptet. Wenn man seine Idee bereits wirklich lebt, wird sie auch in den Zuhörern lebendig werden. Und wenn es sich bei den Zuhörern um die Menschen handelt, die genau dieses Konzept zur Steigerung ihrer Lebensqualität brauchen, dann wird der Erfolg untrüglich eintreten, und man wird einen Rückfluß erzielen, welcher der Qualität und Intensität der ausgesandten Energien entspricht.

Affirmationen zur Entwicklung des Fremdwertgefühls

Diese Affirmationen werden Ihnen helfen, sich mehr und mehr Ihrer Werte für andere Menschen bewußt zu werden und eine kraftvolle Motivation aufzubauen, die Sie unaufhaltsam auf dem Weg der erfolgreichen Umsetzung Ihrer Möglichkeiten voranbringen wird:

Ich habe mich entschieden, lustvoll und verspielt in Reichtum und Überfluß zu leben und mich auf diese Weise auszudrükken.

Ich habe mich entschieden, meine Werte frei in mein Umfeld fließen zu lassen, damit sie von dort auf mich zurückwirken.

Ich habe mich entschieden, mich selbst und mein Umfeld in Reichtum und Überfluß zu genießen.

Ich habe mich entschieden, nach dem Lustprinzip zu leben und für mein Leben nur das zu suchen, was mir Spaß macht und mir entspricht.

Ich habe mich entschieden, aus dem Reichtum und Überfluß der unbegrenzten Möglichkeiten in dieser Wirklichkeit zu schöpfen und mich darin auszudrücken.

Ich habe mich entschieden, meine Werte frei in mein Umfeld fließen und von dort frei und im Überfluß auf mich zurückwirken zu lassen.

Ich habe mich entschieden, in dieser Leichtigkeit und Sicherheit, mit dem Vertrauen in mich selbst und meinen Wert, mich spontan und natürlich in der Gegenwart zum Ausdruck zu bringen.

Ausklang
Das Geheimnis des Erfolges wird lebendige Wirklichkeit

Wenn Sie diese sieben Stufen zum Erfolg konsequent beschreiten, wird möglicherweise eines Tages der Zeitpunkt kommen, an dem Sie sich sagen: «Sonderbar, ich habe alles bekommen, was ich wollte – und trotzdem stimmt irgend etwas nicht.»

Was mag das sein? Sie grübeln darüber nach, und eines Morgens wachen Sie auf und denken: «Ich habe alles bekommen, was ich wollte – *aber eben nur das*. Und das reicht nicht.»

Warum nicht? Weil alles, was Sie bis dahin gewollt haben, immer noch von Ihrer eigenen Geschichte geprägt war. Sie konnten sich immer nur das vorstellen und wünschen, was in Ihrer Geschichte irgendwann einmal einen Platz hatte. Aber Ihre Geschichte ist nur ein Teil von Ihnen und umfaßt nicht alle Möglichkeiten und Sehnsüchte Ihrer wahren Persönlichkeit.

Zu diesem Zeitpunkt jedoch haben Sie alles bekommen, was Sie bis dahin wollten und sich vorstellen konnten, aber eben nur das. Und auch wenn Sie das nicht mehr so richtig befriedigt, ziehen Sie doch immer noch einen großen Vorteil daraus: Sie haben gelernt, was viele andere niemals lernen werden, nämlich angstfrei zu sein in dem Bewußtsein, daß Sie sich schaffen können, was Sie wollen, und Ihr Leben frei verändern können, wie Sie es möchten.

Falls Sie diesen Zeitpunkt eines Tages wirklich erleben, können Sie einen Schritt weitergehen und sich sagen: «Gut, ich weiß jetzt, daß ich alles bekommen kann, was ich will. Ich habe keinen Grund mehr, Angst zu haben. Und daher kann ich jetzt aufhören, irgend etwas Bestimmtes zu wollen. Ich folge meiner Intuition und meinen spontanen Impulsen und lasse zu, daß meine Grundpersönlichkeit all das anzieht, was zur jeweiligen Zeit zu mir gehört und zu mir paßt – mögen das auch Umstände, Dinge oder Menschen sein, die ich mir nicht einmal vorstellen kann, weil sie den Rahmen meiner Geschichte und Vorbilder überschreiten.»

Und dann lassen Sie los …

Und da Sie keine Angst mehr haben, lassen Sie sich treiben in dem Wissen, daß jetzt zu Ihnen kommt, was *wirklich* zu Ihnen paßt und nicht durch Ihre Geschichte geprägt ist.

Statt zu planen, folgen Sie der Gunst der Stunde, überlassen sich spontan Ihren Impulsen und Eingebungen, selbst wenn Sie nicht immer wissen, wohin das führen mag. Wenn wir anfangen, uns so treiben zu lassen, schwimmen wir bald schon in unvorstellbarem Überfluß, nicht nur materiell, sondern auch in einem Überfluß an Erfahrung, Liebe, Zuwendung und vielem mehr, da unsere Grundpersönlichkeit alle Fähigkeiten und Möglichkeiten ans Licht bringt, die wir vorher noch nicht entdeckt oder jedenfalls noch nicht ausgeschöpft hatten. Unsere schöpferische Energie kann frei durch uns fließen und schaffen, was zu uns gehört und möglich ist.

Wer diesen Punkt erreicht, der ist wahrhaft zum Meister geworden: zum Meister seines Lebens, seines Erfolges, seiner Wirklichkeit – aber vor allem zum Meister seiner selbst.

Anhang

Nachfolgend sind die Fragen aus den Fragebögen, die elementaren Regeln und wichtigsten Affirmationen noch einmal – ohne Kommentierung – zusammengestellt.

Um mit den Fragebögen zu arbeiten und die Fragen auch mehrfach, entsprechend Ihrem Bewußtseinsfortschritt, beantworten zu können, empfiehlt es sich, sie aus dem Buch zu kopieren.

Auch die sieben goldenen Regeln energetischer Harmonie und die Affirmationen sollten Sie kopieren und einzelne Energiesätze bspw. neben dem Badezimmerspiegel oder auf Ihrem Nachttisch so plazieren, daß Ihr Blick immer wieder einmal nebenher darauf fällt. Denn dieses Buch soll ein praktischer Begleiter auf dem Weg zu Ihrem Erfolg sein, ein Arbeitsbuch und Leitfaden. Ich habe es nicht geschrieben, damit es nur gelesen und danach in den Bücherschrank gestellt wird, sondern damit *Sie* die Inhalte erarbeiten und dabei langsam, doch unaufhaltsam Ihre wirklichen Möglichkeiten entwickeln. Wie ein fürsorglicher Begleiter soll Sie dieses Buch an notwendige Schritte erinnern und Sie unterstützen, damit Sie nicht mehr in Ihre Vergangenheit zurückfallen, falls sich Ihr Erfolg vielleicht nicht ganz so schnell einstellt, wie

Sie sich das vorgestellt haben. Sich zu verändern erfordert Zeit – und Zeit und Geduld brauchen Sie auch, um zum Erfolg zu gelangen.

Im Anschluß an die Fragebögen sind die im Buch erwähnten technischen Hilfsmittel (Kassetten und CDs) sowie die Bezugs- und Kontaktadresse (auch für Seminare und Vorträge) aufgeführt.

Die sieben goldenen Regeln energetischer Harmonie

1. Regel: In dieser Wirklichkeit sind alle Energien im Fluß, tauschen sich miteinander aus, beeinflussen und stimulieren einander.

2. Regel: Die Energien, die ich aussende, beeinflussen mein Umfeld, fließen auf mich zurück und prägen mich und meine Wirklichkeit.

3. Regel: Mein Selbstausdruck führt die Energien zu mir, mit denen ich mich ausdrücke.

4. Regel: Meine innere Freiheit und Unabhängigkeit bringen äußere Freiheit und Unabhängigkeit.

5. Regel: Geben und Nehmen stehen im Gleichgewicht.

6. Regel: Energien sind im Überfluß und in jeder Form vorhanden. Ich kann mich mit ihnen austauschen, sie anziehen und durch mich hindurchfließen lassen, wenn ich entsprechende Impulse setze, ähnliche Energien in mir trage und aussende.

7. Regel: Was ich in mir trage und zu geben bereit bin, bekomme ich auch von außen.

Erster Fragebogen: Falsches und richtiges Geldbewußtsein

1. Was denke ich über Geld, was bedeutet es für mich?

2. Welche Probleme habe ich mit Geld und materiellen Dingen?

3. Welche Ängste verbinde ich mit Geld?

4. Welche Bedeutung hat Geld für Menschen, die mir nahestehen?

5. Halte ich mich selbst für reich oder arm?

6. Wieviel Geld paßt zu mir – mehr oder weniger, als ich derzeit habe?

7. Was tue ich für mein Geld: Entspricht der Rückfluß meinem Einsatz?

8. Glaube ich, daß ich immer Geld zur Verfügung haben werde, so wie ich es möchte und brauche?

9. Wie gingen meine Eltern mit Geld um, und wie bin ich bis heute mit Geld umgegangen?

10. Inwiefern würde sich mein Selbstausdruck ändern, wenn ich mehr Geld hätte?

Zweiter Fragebogen: Erfolg und Selbstwert

1. Was bedeutet Erfolg für mich? Habe ich beruflich Erfolg, privat, im zwischenmenschlichen Bereich, in der Partnerschaft?

2. Betrachte ich mich als wertvoll? Brauchen andere Menschen mich und meine Energien, und habe ich ihnen etwas zu geben?

3. Lebe ich das Prinzip des Austausches von Energien bewußt? Sind Geben und Nehmen in meinem Leben im Gleichgewicht?

4. Fühle ich mich sicher? Würde mehr Geld mehr Sicherheit für mich bedeuten oder weniger Geld weniger Sicherheit?

5. Was denke ich über wohlhabende Menschen, insbesondere über vermögende Freunde von mir?

6. Würde es meine zwischenmenschlichen Beziehungen und Freundschaften verändern, wenn ich mehr Geld hätte? Würde es meine Partnerschaft positiv beeinflussen?

7. Glaube ich, daß es so viel Geld gibt, daß ich meine Ziele erreichen kann?

8. Was bedeuten Reichtum und finanzielle Freiheit für mich?

9. Erwarte ich von Menschen, daß sie für mich etwas tun oder mir etwas geben? Bin ich bereit und aufmerksam bemüht, ihnen entsprechende Energien im Austausch zu geben?

10. Bin ich in der Lage, zu genießen und mich zu freuen, intensiv wahrzunehmen, zu erleben und das zu tun, was mir guttut?

Dritter Fragebogen: Selbstbewußtsein, Selbstwert- und Fremdwertgefühl

1. Welche persönlichen Eigenschaften habe ich, die auf Menschen positiv wirken und die sie suchen?

2. Wie könnte ich diese persönlichen Eigenschaften bewußt einsetzen, um mehr Wirkung zu erzeugen?

3. Welche Fähigkeiten und Begabungen habe ich bis jetzt an mir erkannt, die ich anderen Menschen zur Verfügung stellen könnte?

4. Welche Vorlieben habe ich, die mir selbst Freude machen? Und wie könnte ich andere Menschen daran teilhaben lassen?

5. Was brauchen die Menschen, die ich persönlich kenne, meine Freunde und Bekannten? Und was davon könnte ich ihnen geben?

6. Wodurch wirke ich besonders positiv auf andere Menschen?

7. Wie reagieren andere Menschen auf mein Handeln? Fühle ich mich erwünscht?

Richtiges Geldbewußtsein: Sieben bunte Luftballons für Erfolg und Reichtum

1. Ballon: Ich ziehe genügend Energie an, auch in Form von Geld, daß ich mich ausdrücken kann, wie ich es möchte.

2. Ballon: Geld steht mir zu jeder Zeit reichlich zur Verfügung.

3. Ballon: Alles ist in ständigem Austausch begriffen: Was ich aussende, fließt zu mir zurück; was ich bewirke, wirkt auch auf mich.

4. Ballon: Indem ich mich selbst liebe, zu jeder Zeit, an jedem Ort, wirke ich auf andere und bin erfolgreich.

5. Ballon: Meine Sicherheit finde ich in mir und meinem Selbstausdruck; ich bin unabhängig und frei.

6. Ballon: Ich will mein Leben in Reichtum und Überfluß genießen.

7. Ballon: Alle Macht liegt in mir und in der Gegenwart.

Affirmationen

Affirmationen zur Entwicklung von Selbstwertgefühl

Ich bin mir meiner Werte für andere Menschen bewußt und lasse sie in meinem Umfeld wirken.

Ich lasse dieses Selbstwertgefühl tief in den See meines Unterbewußtseins einsinken, damit es dort meine Gedanken und Gefühle entsprechend prägt.

Mein Selbstwertgefühl wird meine persönliche Wirklichkeit so gestalten, wie ich sie haben möchte und wie es gut für mich ist.

Affirmationen zur Entwicklung von Fremdwertgefühl

Ich habe mich entschieden, lustvoll und verspielt in Reichtum und Überfluß zu leben und mich auf diese Weise auszudrücken.

Ich habe mich entschieden, meine Werte frei in mein Umfeld fließen zu lassen, damit sie von dort auf mich zurückwirken.

Ich habe mich entschieden, mich selbst und mein Umfeld in Reichtum und Überfluß zu genießen.

Ich habe mich entschieden, nach dem Lustprinzip zu leben und für mein Leben nur das zu suchen, was mir Spaß macht und mir entspricht.

Ich habe mich entschieden, aus dem Reichtum und Überfluß der unbegrenzten Möglichkeiten in dieser Wirklichkeit zu schöpfen und mich darin auszudrücken.

Ich habe mich entschieden, meine Werte frei in mein Umfeld fließen und von dort frei und im Überfluß auf mich zurückwirken zu lassen.

Ich habe mich entschieden, in dieser Leichtigkeit und Sicherheit, mit dem Vertrauen in mich selbst und meinen Wert, mich spontan und natürlich in der Gegenwart zum Ausdruck zu bringen.

Kontakt- und Bezugsadresse

Allgemeine Informationen zur Arbeit von Harald Wessbecher – Seminare – Vorträge – Literatur – Trainingskassetten/CDs – finden Sie im Internet unter:
www.haraldwessbecher.de

Persönliche Auskünfte und Beratung zu Seminaren, Vorträgen, Literatur, Trainingskassetten und CDs sowie Vermittlung von Privatterminen bei:

Sylvia Barris
Dynamis Seminar-Organisation
Scheffelstraße 65
76135 Karlsruhe

Tel. 0721-85183
Fax: 0721-842895
Email: dynamis@haraldwessbecher.de

Technische Hilfsmittel

Die nachfolgend genannten Audiokassetten und CDs sind zur Vertiefung und Unterstützung besonders geeignet. Es handelt sich hierbei ausschließlich um Kompositionen von Harald Wessbecher, aus gesprochenem Text und speziellen Klangformen, überwiegend Rauschmustern und Einzelsignalen, die in einen tiefen körperlichen und geistigen Entspannungszustand führen. Während sich der Körper erholt, bleibt unser Unterbewußtsein in einem Zustand, in dem es neue Informationen sehr viel einfacher aufnehmen und verarbeiten kann als im normalen Wachzustand und alte Informationen leichter abrufbar und veränderbar sind.

Wichtig: Um die unterstützende Wirkung der Stereo-Rauschtechnik nutzen zu können, sollten Sie beim Hören der Kassetten bzw. CDs unbedingt Kopfhörer bzw. Stereolautsprecher verwenden und kein Rauschunterdrückungssystem einschalten.

Abendliche Selbstbeobachtung
Diese CD/Kassette unterstützt Sie, auf den Tag zurückzublicken und Zwischenbilanz zu ziehen: Welche Energien habe ich heute gepflegt? Welche sollte ich ab morgen mobilisieren?

Aktive Lebensgestaltung
Diese CD/Kassette hilft Ihnen, kraftvoll neue Muster in Gang zu setzen. Wenn Sie also Ihre Ziele bestimmt haben, können Sie mit Unterstützung dieser CD/Kassette Ihre Motivation so weit steigern, daß Sie Ihre Ziele auch wirklich erreichen. Sie beginnen, die Energien auszustrahlen, die das anziehen, was Sie möchten.

Dynamischer Austausch
Weitere neue Ballons, die das Prinzip des dynamischen Austausches noch lebendiger werden lassen, damit Sie sofort erkennen, ob Geben und Nehmen im Gleichgewicht stehen oder ob Korrekturen notwendig sind.

Fluß und Überfluß
Noch mehr bunte Ballons – Ideen, um den Fluß der Energie zu stimulieren und den Überfluß (an Ideen, Geld, Energie) anzuziehen.

Frei von der Vergangenheit
Befreien Sie sich von traumatischen Erfahrungen und anderen negativen Erinnerungen, um Ihre Gegenwart so gestalten zu können, wie es Ihnen wirklich entspricht.

Geldbewußtsein I und II
Die Fragen des ersten und des zweiten Fragebogens werden auf dieser CD/Kassette mit Klangmustern verbunden, die den Hörer in einen Zustand tiefer Entspannung versetzen. Hierdurch wird das Auftauchen von Informationen aus dem Unterbewußtsein begünstigt, die dem Bewußtsein normalerweise nicht zugänglich sind.

Geldbewußtsein III
Hier finden Sie viele «bunte Ballons» für Ihr Unterbewußtsein versammelt, neue Ideen und Glaubenssätze, die Ihnen helfen, Ihr materielles Umfeld zu verändern. Ihre Glaubenssätze wirken unaufhörlich, und die richtigen zu pflegen ist eine der wichtigsten Voraussetzungen für den angestrebten Erfolg.

Ich bin
Eine CD/Kassette, die Mut zur Veränderung machen will und innere Kraft und Motivation verleiht, die Dinge auch praktisch anzugehen.

Intuition
Diese CD/Kassette hilft Ihnen, tief in Ihr Unterbewußtsein hineinzuhorchen, um festzustellen: Was will und brauche ich wirklich? Welche Impulse wären jetzt gut für mich? Habe ich etwas übersehen?

Leitgedanken am Morgen und am Abend
Unterstützend zur gleichnamigen Doppelübung – eine CD/Kassette, die Ihnen hilft, Zuversicht und Vertrauen zu steigern, während Sie schlafen. Sie werden positiv eingestimmt und sind bereit, Ihre Fähigkeiten und Möglichkeiten zu spüren.

Loslassen
Manchmal ist man verzweifelt, glaubt, auf der Stelle zu treten, sich im Kreis zu drehen. Wenn Sie bestimmte Gedanken einfach nicht loswerden, eine miese Stimmung nicht abschütteln können – diese CD/Kassette hilft Ihnen loszulassen, damit Sie wieder frei werden, sich Neuem zuzuwenden.

Neue Perspektive
Unterstützend zur gleichnamigen Übung – eine Phantasiekassette, die Ihre Vorstellungskraft anregt, Tore ins Unbekannte und Schleusen zu Ihren Möglichkeiten zu öffnen.

Selbstausdruck
Mit Hilfe dieser CD/Kassette lernen Sie, sich so auszudrükken, wie Sie wirklich sind – unabhängig davon, was die Menschen in Ihrem Umfeld von Ihnen halten. Sie hilft Ihnen, Ihr Leben direkt, eindeutig und ausdrucksstark anzugehen.

Selbsterkenntnis
Unterstützend zur gleichnamigen Übung – zum Aufbau von Selbstbewußtsein. Entspannt lassen Sie verschiedene Aspekte Ihres Selbst an sich vorüberziehen und erkennen, wie Sie sind und leben.

Selbstwertgefühl
Zum Aufbau von Selbstwertgefühl. In tiefer Entspannung tauchen aus Ihren unterbewußten Schichten Werte auf, die Ihnen Zuversicht und Sicherheit im Umgang mit dem Leben geben.

Unabhängigkeit
Diese CD/Kassette hilft Ihnen dabei, unpassende Gefühle gegen günstigere einzutauschen. Wer manchmal von Gefühlen überwältigt wird, findet hier Unterstützung, um die Kontrolle über seine Gefühle zu erringen. Wer seine Gefühle nicht selbst bestimmen kann und in Reaktionsmustern gefangen ist, den bestimmt das Leben.